Maximilian M. Preisser

Solvenztest vs. Bilanztest

Untersuchung zweier Kapitalerhaltungsmodelle am Beispiel der Europäischen Privatgesellschaft

igel Verlag
RWS

Preisser, Maximilian M.: Solvenztest vs. Bilanztest: Untersuchung zweier Kapitalerhaltungsmodelle am Beispiel der Europäischen Privatgesellschaft, Hamburg, Igel Verlag RWS 2014

Buch-ISBN: 978-3-95485-193-5
PDF-eBook-ISBN: 978-3-95485-693-0
Druck/Herstellung: Igel Verlag RWS, Hamburg, 2014

Bibliografische Information der Deutschen Nationalbibliothek:
Die Deutsche Nationalbibliothek verzeichnet diese Publikation in der Deutschen Nationalbibliografie; detaillierte bibliografische Daten sind im Internet über http://dnb.d-nb.de abrufbar.

Hermannstal 119k, 22119 Hamburg
http://www.diplomica.de, Hamburg 2014
Printed in Germany

Erzähle mir die Vergangenheit und ich werde die Zukunft erkennen!
Kong Tse (*lat. Konfuzius*), chin. Philosoph, *551 v. Chr. – 479 v. Chr.

Die Zukunft durchdrang noch keines Sterblichen Blick.
Sophokles, griech. Dichter und Philosoph, *496 v. Chr. – 405 v. Chr.

Inhaltsverzeichnis

A. Einleitung

Die Frage nach dem vorzugswürdigen Kapitalerhaltungssystem der Europäischen Privatgesellschaft zeichnet sich hinsichtlich beider Untersuchungsobjekte durch ihre Aktualität aus und ist vor allem aus Sicht der Praxis von größter Relevanz.

Mit der Veröffentlichung des Entwurfs für eine Verordnung über das Statut der Europäischen Privatgesellschaft[1] (sog. „*Societas Europaea Privata*", im Folgenden: SPE[2]) vom 25.06.2008 hob die Europäische Kommission eine neue supranationale Rechtsform aus der Taufe. Diese soll, als Reaktion auf langjährige Forderungen des Mittelstandes[3], den Bedürfnissen kleiner und mittelständischer Unternehmen (sog. KMU) auf dem Europäischen Binnenmarkt gerecht werden.

Bei der Einführung jeder neuen Rechtsform stellt sich aus Gläubigersicht die zentrale Frage nach der Ausgestaltung eines verlässlichen Kapitalerhaltungssystems. Dabei steht der Europäische Gesetzgeber vor der Problematik, dass sich das bilanztestbasierte Kapitalerhaltungsmodell Kontinentaleuropas, das noch der zweiten (Kapital-)Richtlinie[4] zugrunde liegt, massiver Kritik aus Schrifttum und Praxis ausgesetzt sieht.[5] Es drängt sich die Frage auf, ob mit der Einführung der SPE zugleich die Grundsätze der bilanziellen Kapitalerhaltung durch einen Solvenztest US-amerikanischer Prägung grundlegend reformiert werden sollten.[6]

Nach einer allgemeinen Einführung in die neue Rechtsform der Europäischen Privatgesellschaft soll eine ökonomische Analyse des Solvenz- und Bilanztests die Grundlage

---

[1] S. Anhang 3 - Vorschlag der Europäischen Kommission für eine Verordnung des Rates über das Statut der Europäischen Privatgesellschaft, KOM (2008) 396. Im Folgenden kurz „VO-E".

[2] Im weiteren Verlauf soll allein die neue Terminologie des Entwurfs verwendet werden, vgl. S. 2, 13, 16, 18. VO-E. Kritisch zu dieser Terminologie *Vossius*, EWS 2007, 438, der darauf verweist, dass die Abkürzung „SPE" spätestens seit dem Enron-Skandal durch die „Special Purpose Entity" befleckt sei.

[3] Vgl. *Haas*, in: Hommelhoff/Helms, Neue Wege, S. 155-157 mit Verweisen auf die wissenschaftliche Diskussion bis in die 1950er-Jahre *Hommelhoff/Teichmann*, DStR 2008, 925;.

[4] Zweite Richtlinie 77/91/EWG des Rates vom 13.12.1976, ABl. Nr. L 026 vom 30. Januar 1977, S. 1-13.

[5] Eine Darstellung der Reformdiskussion zur Kapitalrichtlinie wird hier ausgespart, da sie vor allem im Kontext der Aktiengesellschaften geführt wird. Eine übersichtliche Darstellung findet sich bei *Hirte*, in: Grundmann, Systembildung, S. 211-234; *Pellens/Jödicke/Schmidt*, DK 2007, 427, 430-432.

[6] So ergab die aktuelle KMPG-Studie zur Ermöglichung alternativer Kapitalerhaltungssystemen in der EG (Feasibility Study on an alternative to the capital maintenance regime, 2008, Main Report, abrufbar unter: http://ec.europa.eu/internal_market/company/docs/capital/feasbility/study_en.pdf), S. 407 dass sich abgesehen von Deutschland die befragte Geschäftsleitung sämtlichen Mitgliedstaaten überwiegend für einen Solvenztest als präziseres Rechenwerk zur Ermittlung des ausschüttbaren Gewinns aussprach.

für die Empfehlung eines konkreten Kapitalerhaltungsmodells der SPE legen.[7] Hierzu werden beide Ansätze zunächst in ihrem nationalen Kontext anhand einer Rechtsvergleichung zwischen Deutschland und den USA dargestellt wobei die Untersuchung der Kapitalerhaltungsmodelle auf Ausschüttungssperren fokussiert wird.

Nachdem die Aufgabenstellung der Arbeit über eine wirtschaftliche Betrachtung hinausgeht, und nach einem generellen Vorzug fragt, werden im Anschluss an die abstrakte Effizienzanalyse die weiteren Anforderungen an ein Kapitalerhaltungsmodell einer supranationalen Rechtsform herausgearbeitet.

Die Untersuchung schließt mit einer Empfehlung an den Europäischen Gesetzgeber zur Ausgestaltung eines neuen Kapitalerhaltungssystems.[8]

---

[7] Vgl. zum methodischen Ansatz der ökonomischen Analyse im Kontext legislativer Entscheidungen in Bezug auf eine volkswirtschaftliche Allokationseffizienz *Schäfer/Ott*, Ökonomische Analyse, S. 1-15.

[8] Nachdem die Arbeit auf eine Empfehlung an den Europäischen Gesetzgeber ausgelegt ist, sei der Leser darauf hingewiesen, dass der Bearbeitung leitmotivisch die folgende Wertung zugrunde liegt: Die neue Rechtsform der SPE wird als Instrument zur Förderung von KMU und zur Verbesserung des Im- und Exports im Europäischen Binnenmarkt begrüßt. Das Kapitalerhaltungsmodell soll mithin so ausgestaltet werden, dass es die Attraktivität der neuen Rechtsform (auch zulasten nationaler Rechtsformen) steigert.

B. Societas Privata Europaea – Eine Einführung

Mit dem aktuellen Entwurf der Kommission zur Europäischen Privatgesellschaft soll ein Projekt realisiert werden, das im Wesentlichen auf den Vorarbeiten der deutsch-französischen Forschung basiert.[9] Die Struktur der neuen Rechtsform ist für die Ausgestaltung ihres Kapitalerhaltungssystems von zentraler Bedeutung. Zunächst wird daher eine kurze Einführung in die aktuelle Konzeption und die Zielsetzungen der SPE gegeben.

I. Rechtspolitischer Hintergrund der SPE

Obwohl sich auf europäischer Ebene eine eindeutige Tendenz zur Angleichung der Gesellschaftsrechtsordnungen[10] ausmachen lässt, regelt das europäische Sekundärrecht bislang nur Einzelaspekte. Damit geben weiterhin die nationalen Rechtsordnungen als so genannter „harter" Standortfaktor den unternehmerischen Handlungsspielraum vor.[11]

Die hierdurch entstehenden Verwaltungs- und Rechtshindernisse des grenzüberschreitenden Verkehrs beschränken den exportorientierten Mittelstand und führen so zu volkswirtschaftlichen Effizienzverlusten, da gerade umfangreiche Beratungskosten den Im- und Export oft weniger rentabel machen.[12]

Vor diesem Hintergrund gibt die Kommission dem Reformdruck der Praxis zur Rechtsvereinheitlichung nach und entwirft mit der SPE eine supranationale[13] Rechtsform, die die Abhängigkeit von Rechtsform- und Standortwahl entkoppeln und so die Zusammenführung des europäischen Binnenmarktes fördern soll.[14] Nachdem schon die grundlegenden Arbeiten zu den ersten Entwürfen eines SPE-Statuts[15] nachwiesen, dass den

---

[9] Vgl. grundlegend die Forschungsarbeiten der CREDA („Pour une SARL européenne") bei *Boucourechliev/Hommelhoff*, Vorschläge, S. 1; *Dejmek*, NZG 2001, 878, 879f.; *Müller-Conen*, KMU, S. 104-107.

[10] S. *Behrens*, in: Behrens, GmbH, S. 68-87; *Habersack*, Europäisches GesR, Rn. 45ff.

[11] S. zu den betriebswirtschaftlichen Auswirkungen des Gesellschaftsrechts *Müller-Conen*, KMU, S. 8-20.

[12] S. VO-E, S. 5; *Ehricke*, in: Hommelhoff/Helms, Neue Wege, S. 31-51; *Vossius*, EWS 2007, 438, 439.

[13] Vgl. grundlegend zum Begriff der supranationalen Rechtsform *Frenz*, Grundfreiheiten, Rn. 2333-2394; *Streinz*, Europarecht, Rn. 115ff.; *Wichard*, in: Callies, EUV/EGV, Art. 1, Rn. 2. Vgl. zur gemeinschaftsrechtlichen Rechtspersönlichkeit, *Arbeitsgruppe Europäisches Gesellschaftsrecht*, ZIP 2003, 863, 879.

[14] *Müller-Conen*. KMU, S. 15f., 18. Vgl. auch VO-E, S. 2 mit Verweis auf die Bedeutung der KMU (mehr als 99 % der europäischen Unternehmen) in der EG. S.a. Art. 3 Abs. 1 lit. h), Art. 44 Abs. 2 lit. g) EG; *Teichmann*, Binnenmarktkonformes GesR, S, 25ff.,118ff. zum europ. Ziel der Schaffung eines Binnenmarktes.

[15] *Boucourechliev/Hommelhoff*, Vorschläge, S. 229-234; *Helms*, EPG, S. 105-135; *Hommelhoff/Helms*, in: Hommelhoff/Helms, Neue Wege, S. 6-8.

ökonomischen Bedürfnissen des Mittelstandes[16] durch die verfügbaren supranationalen[17] oder ausländischen[18] Rechtsformen nur ungenügend Rechnung getragen wird, entschied sich die Kommission im Rahmen ihres Förderungsprogramms für KMU, die SPE zur Hauptaufgabe des Jahres 2008 zu erheben (sog. *Small Business Act*).[19]

In Ausrichtung auf den Mittelstand wurde die SPE als supranationale Rechtsform („*europaea*") für einen geschlossenen Gesellschafterkreis („*privata*"[20]) konzipiert, die über eine eigene Rechtspersönlichkeit verfügt und die Haftung auf die juristische Person beschränkt.[21] Die Europäische Privatgesellschaft kann als selbständige Rechtspersönlichkeit in jedem Mitgliedsstaat Rechte und Pflichten erwerben und am allgemeinen zivil- und handelsrechtlichen Wirtschaftsverkehr teilhaben.[22]
Dabei zeigt sich insbesondere bei der Gründung mehrerer ausländischer (Konzern-)Tochtergesellschaften das ökonomische Einsparpotential, da Gründungen replizierbar und Beratungskosten durch Skaleneffekte erheblich reduziert werden können. Zudem entstehen Synergieeffekte, durch die mögliche Weiterverwendung bewährter SPE-Satzungen.[23]

II. Darstellung der SPE nach dem aktuellen Kommissionsentwurf

Das SPE-Statut vom 25.6.2008 ist mit seinen 48 Artikeln trotz des konzeptionellen Anspruchs einer Vollregelung sehr schlank ausgefallen. Dabei wird ein wesentlicher Teil den Gesellschaftern zur statutarischen Regelung überantwortet.[24] Zudem enthält die

---

16 *Vossius*, EWS 2007, 438, 439.S. zur psychologischen Bedeutung bekannter Gesellschaftsformen *Gower/Davies*, Principles, Rn. 1-21; *Helms*, EPG, S. 9-11, 13-15; *Hommelhoff/Teichmann*, DStrR 2008, 925.

17 Vgl. *Arbeitsgruppe Europäisches Gesellschaftsrecht*, ZIP 2003, 863, 879f.; *Frenz*, Grundfreiheiten, Rn. 2333-2390; *Hommelhoff/Teichmann*, DStrR 2008, 925, 926; *Schröder*, Perspektiven, S. 128f.

18 Vgl. zu den steuerrechtlichen Motiven und Transaktionskosten die DBA mit sich bringen *Ditz*, IStR 2005, 37; *Vossius*, EWS 2007, 438, 439. Zudem wird auf den umfangreichen Beratungsaufwand und die psychologischen Hürden bei der Verwendung ausländischer Rechtsformen verwiesen: S. *Hellwig*, in: Hommelhoff/Helms, Neue Wege, S. 83f.; *Stellungnahme des DAV zur EPG*, NZG 2008, 138. Ebenso *Lecourt*, Revue des sociétés 2008, S. 204. Vgl. zu grenzüberschreitenden Verschmelzungen die stets ins nationale Recht verweisen *Müller*, ZIP 2007, 1081; *Neye/Timm*, GmbHR 2007, 561.

19 Vgl. VO-E, S. 2; *Müller-Conen*, KMU, S. 4-7 zu einer Definition der KMU auf Gemeinschaftsebene.

20 Die Bezeichnung Privatgesellschaft orientiert sich an der englischen *private company* sowie der französischen *société privée* und bringt die Beschränkung auf einen überschaubaren Mitgliederkreis zum Ausdruck, s. *Boucourechliev/Hommelhoff*, Vorschläge, S. 231; *Helms*, EPG, S. 136ff.

21 VO-E, Art. 1, 3; *Hommelhoff*, Normierungsbeginn, S. 9; *Hommelhoff/Teichmann*, DStR 2008, 925, 928.

22 S. VO-E, S. 3; *Hommelhoff/Teichmann*, DStrR 2008, 925, 928; *Maul/Röhricht*, BB 2008, 1574, 1575.

23 *S. Vossius*, EWS 2007, 438, 439. Den daraus resultierenden Kostenvorteil für Konzerne betonen *Ehricke*, in: Hommelhoff/Helms, Neue Wege, S. 63-68 sowie *Maul/Röhricht*, BB 2008, 1574, 1578.

24 Dieses System der „obligatorischen Regelungsaufträge" wurde bereits 1997 in der Studie „*propositions pour une société fermée européenne*" vorgestellt, s. *Hommelhoff/Helms*, GmbHR 1999, 53, 55.

Verordnung kein dispositives Recht und auch keine Mustersatzungen, sondern verweist umfangreich auf die nationalen Rechtsordnungen.[25]

1. Regelungskompetenz des Rates

Das SPE-Statut soll als Verordnung auf der Grundlage von Art. 352 AEUV (Art. 308 EGV a.F.) verabschiedet werden.[26] Gem. Art. 288 Abs. 2 AEUV (Art. 249 Abs. 2 EGV a.F.) gilt in allen Mitgliedstaaten derselbe Rechtstext in offizieller Fassung für jede Sprache.

2. Gründungsfreiheit der SPE

Die SPE kann nach dem Entwurf sowohl von natürlichen, als auch von juristischen Personen unabhängig von deren Herkunftsstaat gegründet werden.[27] Neben der klassischen Gründung kann dabei die Entscheidung für eine SPE auch im Wege der Umwandlung, Verschmelzung oder Spaltung nationaler Gesellschaften erfolgen, vgl. Art. 2, 3 und 5 VO-E.

Die Eintragung in das Handels- oder Gesellschaftsregister des Sitzstaates wirkt gem. Art. 9 Abs. 1 und 2 VO-E konstitutiv. Dabei ist neben der Gründungsurkunde allein die Satzung in schriftlicher Form einzureichen. Weitere Unterlagen dürfen von den Mitgliedstaaten nicht angefordert werden.[28]
Als europäische Gesellschaft müssen gem. Art. 7 Abs. 1 VO-E sowohl Register- als auch Verwaltungssitz in der Europäischen Union, nicht aber in demselben Mitgliedstaat, liegen.

3. Dispositives Innenverhältnis

Entsprechend der leitmotivischen Förderung der KMU ist das Innenverhältnis weitgehend frei gestaltbar und ermöglicht es den Gesellschaftern, die Rechtsform an ihre jeweiligen Bedürfnisse anzupassen.[29]

---

[25] Somit ist das nationale Verfahrensrecht hinsichtlich der Gründung, Strukturänderung und Anteilsübertragung anzuwenden, vgl. Art. 4 Abs. 1 VO-E. S. zur Forderung der Literatur nach Mustersatzungen *Helms*, EPG, S. 180-188; *Hommelhoff/Teichmann*, DStR 2008, 925, 930; *Steinberger*, BB-Special 7/2006, 27, 30.
[26] VO-E, S. 3. S. grundlegend zur Regelungskompetenz EuGH v. 2.5.2006, C-436/03, Slg. 2006, I-3733ff.
[27] *Maul/Röhricht*, BB 2008, 1574, 1575.
[28] *Ebd.*
[29] Vgl. VO-E, S. 14 Abs. 9, 13 sowie *Hommelhoff*, Normierungsbeginn, S. 13f. zur Bedeutung des Binnenrechts für den Mittelstand. Nachdem das Binnenrecht für die folgenden Ausführungen weitestgehend ohne Belang ist, soll eine ausführlichere Darstellung hier ausgespart werden. Vgl. zu der aktuellen Regelung die kritische Würdigung

4. Gläubigerschutz und Außenrecht

a) Gesetzliches Mindestkapital und Einlagen

Der Kommissionsvorschlag sieht ein Mindestkapital von 1 Euro vor und zielt damit auf eine Erleichterung der Neugründungen ab.[30] Hierbei folgt die Kommission – entgegen vorab veröffentlichter Satzungsentwürfe aus dem Schrifttum[31] – dem englischen Gesellschaftsrecht und berücksichtigt die zunehmende Fixierung der Gläubiger auf den *Cashflow*.[32]

Einlagefähig sollen neben Bar- und Sachwerten auch Dienstleistungen sein.[33] Eine Befreiung der Gesellschafter von der Einlageverpflichtung ist gem. Art. 20 Abs. 2 VO-E unzulässig, wobei gem. Art. 19 Abs. 3 VO-E die Einzahlung nicht im Zeitpunkt der Gründung erfolgt sein muss.

b) Die Ausschüttungsregelung der SPE

aa) Bilanztest und fakultativer Solvenztest

Gemäß Art. 21 Abs. 1 VO-E soll die Kapitalerhaltung über eine bilanztest-basierte Ausschüttungssperre erfolgen.[34] Durch eine umfassende Ausschüttungsdefinition in Art. 2 Abs. 1 lit. b), Abs. 2 VO-E erfasst dieses Kapitalschutzsystem neben direkten (Vorab- und beschlossenen) Gewinnausschüttungen auch den Anteilsrückkauf sowie Kapitalherabsetzungen.[35]

Der Bilanztest des Art. 21 Abs. 1 VO-E sieht dabei vor, dass nach der Ausschüttung allein die Aktiva die Schulden sowie statutarisch ausschüttungsgesperrte Rücklagen decken.[36] *Eine Ausschüttung kann dabei auch das gesamte Nennkapital verzehren,* sodass Vermögenswerte nicht mehr in Höhe des gezeichneten Kapitals im Unternehmen

bei *Vossius*, EWS 2007, 438, 441ff. und *Wicke*, GmbHR 2006, 356, 360 sowie verteidigend unter Verweis auf den sog. „Versteinerungseffekt" *Hommelhoff/Teichmann*, DStR 2008, 925, 930.

30 VO-E, S. 8, Art. 19 Abs. 4. Hiermit weicht der Kommissionsvorschlag deutlich von bisherigen Vorschlägen zur Kapitalverfassung der SPE ab, vgl. *Haas*, in: Hommelhoff/Helms, Neue Wege, S. 183-199.

31 Vgl. Statutsvorschlag der Internationalen Arbeitsgruppe unter Koordination von CREDA und MEDEF, Art. 3, 4 und 27 sowie *Bürger*, Kapitalaufbringung in der EPG.

32 S. VO-E, S. 8 wonach sich Gläubiger im Rahmen ihrer eigenen Absicherung zunehmend auf den *Cashflow* konzentrieren und das Mindestkapital mangels ökonomischer Relation zu der Eigenkapitalbedürfnissen des Unternehmens wertlos sei.

33 VO-E, S. 8, Art. 19 Abs. 4. Hiermit reagiert die Kommission auf die Kritik von *Rickford*, EBLR 2004, 919, 836f. wonach das Verbot der Einlage von Dienstleistungen gerade für KMU wachstumshemmend sei.

34 Vgl. auch VO-E, S. 8f., 14 Abs. 11, 16. sowie zum Begriff der Ausschüttungssperre sogleich C.I.1.

35 S. VO-E, Art. 23 Abs. 2 iVm Art. 21f. und Art. 24 Abs. 1 iVm Art. 21f.; *Lanfermann/Richard*, BB 2008, 1610. Die Definition ist an § 1.40(6) RMBCA des US-Rechts angelehnt, *Rickford*, EBOR 2006, 135, 144f.

36 VO-E, S. 8, 14 Abs. 11, Art. 21 Abs. 1 S. 1, 2.

gebunden sind und Gläubigern der SPE allein der Schutz vor einer bilanziellen Überschuldung garantiert wird.[37] Die bilanzielle Bewertungsgrundlage des Tests ergibt sich aus Art. 25 VO-E, wonach die nationalen Rechnungslegungsvorschriften anzuwenden sind.[38]

Zusätzlich zu diesem Bilanztest kann gem. Art. 21 Abs. 2 VO-E freiwillig ein Solvenztest in der Satzung vorgesehen werden, wonach eine Ausschüttung nur dann zulässig ist, wenn der Geschäftsführer versichert, dass die SPE ihre im normalen Geschäftsverlauf fällig werdenden Verbindlichkeiten innerhalb eines Jahres nach der Ausschüttung noch begleichen kann.[39] Die Kriterien für die Erstellung der Prognose sind in der Satzung durch die Gesellschafter festzulegen.[40] Die Solvenzbescheinigung des Leitungsorgans ist dabei den Gesellschaftern, die nach Art. 27 Abs. 1 lit. e) VO-E die Ausschüttung mit einfacher Mehrheit beschließen, vor der Beschlussfassung zur Verfügung zu stellen (Art. 21 Abs. 2 VO-E) und im Anschluss zu veröffentlichen.[41]

Auch für eine Kapitalherabsetzung gilt der Bilanztest. Gläubiger, die vor der Kapitalherabsetzung eine Gefährdung ihrer Forderung erkennen, können dabei eine „angemessene" Sicherheit von der Gesellschaft fordern (Art. 24 Abs. 1-3 VO-E).

bb) Haftungsregelung im Falle unzulässiger Ausschüttungen

Für die Geschäftsführer besteht nach Art. 31 Abs. 4 VO-E eine gesamtschuldnerische Haftung gegenüber der SPE für Vermögensschäden, die durch einen Verstoß gegen die Bestimmungen der Verordnung, der Satzung oder eines Gesellschafterbeschlusses entstanden sind. Im Falle der Ausschüttung unter Verletzung des Art. 21 VO-E besteht ferner eine Rückzahlungspflicht der Anteilseigner gegenüber der SPE, sofern diese bei Zahlungsempfang bösgläubig waren (Art. 22 VO-E).

---

[37] Dies folgt aus Art. 21 Abs. 1 EG, wobei der VO-E auf S. 9 hinsichtlich des Begriffs „Verbindlichkeiten" auf die Bilanzrichtlinie (Vierte RL des Rates v. 25.7.1978 (78/660/EWG), ABlEG Nr. L 222/11 v. 14.8.1978 78/660/EWG) verweist, welche in Art. 9 das Eigenkapital zwar als Passivposten, nicht jedoch als Verbindlichkeit ausweist. So im Ergebnis auch *Maul/Röhricht*, BB 2008, 1574, 1575.

[38] S. VO-E, S. 8f. Wahlrechte des Mittelstandes für eine Rechnungslegung nach IFRS bestehen in Dänemark, Finnland, Griechenland, Irland, Italien, den Niederlanden, Polen, Portugal und dem Groß-Britannien.

[39] Dieser Solvenztest orientiert sich an dem US-amerikanischen Vorbild des RMBCA, s. KPMG-Studie (Fn. 6), S. 234, 248, 302; *Brandt/Jödicke/Richard*, DB 2007, 357ff.

[40] VO-E, S. 8, Anhang des VO-E, Kapitel IV, Spglstr. 7.

[41] VO-E, S. 9, 25 (Art. 21 Abs. 2 iVm Art. 11 Abs. 1).

c) Insolvenzrecht

Die SPE-Verordnung enthält kein eigenes Insolvenzrecht. Eine politische Einigung über diese Materie ist unwahrscheinlich[42], sodass auf nationales Recht verwiesen werden muss.[43]

5. Inkrafttreten der SPE-Verordnung

In Kraft treten soll die Verordnung nach aktueller Konzeption am 1. Juli 2010.[44]

---

[42] Vgl. zur politischen Bedeutung der Regelungsfreiheit im Insolvenzrecht *Kaiser*, EPG und SRL, S. 41f.
[43] Vgl. VO-E, S. 2 sowie *Kaiser*, EPG und SRL, S. 192-196 im Kontext der EuInsVO.
[44] S. VO-E, S. 38.

C. Kapitalerhaltungsmodelle im Vergleich: Bilanztest- vs. Solvenztest

I. Gegenüberstellung von Bilanz- und Solvenztest im nationalen Kontext

Zur Veranschaulichung der folgenden ökonomischen Untersuchung und zur besseren Einordnung der Begrifflichkeiten soll vorab eine rechtsvergleichende Darstellung der beiden Kapitalerhaltungssysteme in ihrem nationalen Kontext erfolgen.[45]

Grundsätzlich lassen sich zwei Ansätze gegenüberstellen, die über Ausschüttungssperren dafür Sorge tragen sollen, dass das Gesellschaftsvermögen vor einem Zugriff der Anteilseigner bewahrt und damit das Unternehmensrisiko zwischen Gesellschaftern und Gläubigern angemessen verteilt wird[46]: Auf der einen Seite steht das kontinentaleuropäische Modell, (meist, aber nicht notwendig[47]) basierend auf einem Mindestkapital und einem statischen bilanziellen Ausschüttungsverbot, das unabhängig von der Liquiditätssituation greift.
Dem steht das „liberalere" angloamerikanische Modell gegenüber, welches neben der Betonung eines privatautonomen Gläubigerschutzes vor allem auf situativen Ausschüttungssperren in Form von Solvenztests basiert.[48]

1. Der Bilanztest als Grundlage der Kapitalerhaltung in Deutschland

Der Bilanztest nach deutschem Recht ist idealtypisch für das traditionelle Kapitalschutzsystem Kontinentaleuropas. Bilanzielle Kapitalerhaltung heißt hierbei zunächst einmal: Nichtausschüttung von gezeichnetem Kapital und durch Gesetz oder Satzung ausschüttungsgesperrten Rücklagen.[49]

Nach klassischem Verständnis „verdienen sich die Gesellschafter ihr Haftungsprivileg [...] erst dadurch, dass sie das zur Deckung des Stammkapitals erforderliche Gesell-

---

[45] Die Darstellung der Kapitalerhaltungssysteme muss sich aus Platzgründen auf Grundlagen beschränken.
[46] *Kübler*, ZHR 1995, 550, 559; *Moxter*, Bilanzlehre Bd. 1, S. 93ff.; *Wiedemann*, GesR, Bd. 1, S. 516.
[47] S. *Drygala*, ZGR 2006, 587, 590; *Micheler*, ZGR 2004, 324, 325; *Spindler*, JZ 2006, 839, 843. Im europäischen Rahmen sehen etwa die Gesellschaftsrechte Zyperns, Frankreichs, Irlands und Groß-Britanniens kein Mindestkapital vor, vgl. *Triantafyllides/Papandreou*, S. 82f.; *Garnier/Buseine*, S. 151f.; *McLaughlin*, S. 200f.; *Turnbull/Coleman*, S. 362f. jeweils in: Van Hulle/Gesell, ECL.
[48] Situative Ausschüttungssperren ergeben sich aus der Bewertung einer konkreten Maßnahme in ihrem wirtschaftlichen Kontext, vgl. *Kuhner*, ZGR 2005, 753, 777; *Maksimovic*, Kapitalschutz, S. 69-93.
[49] *Ballwieser*, DK 2007, 419. Siehe dazu im Einzelnen zum dtsch. Recht § 30 GmbHG und § 57 AktG.

schaftsvermögen in nachprüfbarer Weise durch Einlagen aufbringen und es der Gesellschaft nicht wieder entziehen“[50].

a) Gläubigerschutz durch Gesellschaftsrecht

Die legislative Grundlage der Kapitalerhaltung im deutschen GmbH-Recht bildet § 30 Abs. 1 GmbHG.[51] Danach sind Auszahlungen an die Gesellschafter aus dem zur Erhaltung des Stammkapitals erforderlichen Gesellschaftsvermögen verboten. Die Auszahlungssperre greift mit Eintritt der *Unterbilanz*, d.h. wenn der Betrag des Stammkapitals nicht mehr durch das Gesellschaftsvermögen gedeckt wird.[52] Hierbei sieht der deutsche Gesetzgeber gem. § 5 Abs. 1 GmbHG (noch[53]) ein Mindestkapital von 25.000 € vor.

Das charakteristische Tatbestandsmerkmal des § 30 Abs. 1 GmbHG besteht in der Schmälerung des Gesellschaftsvermögens infolge einer Zuwendung an die Gesellschafter (sog. Einlagenrückgewähr). An dieser Stelle greift das Gesellschaftsrecht über die Relaisnorm des § 42 Abs. 1 GmbHG ins Bilanzrecht über, da die rechnerische Deckung des Stammkapitals eine bilanzielle Betrachtung erfordert.[54]

b) Ergänzung des Gläubigerschutzes durch das Bilanzrecht

Während eine bilanzielle Kapitalerhaltung grundsätzlich mit jeder Form der Gewinnermittlung betrieben werden kann[55], ergibt sich im deutschen Recht eine besondere

---

[50] S. *K.Schmidt*, GesR, S. 111f. sowie S. 541-543; *Lutter*, AG 1998, 375 zur Bedeutung der Haftung im Gesellschaftsrecht. Ebenso BGHZ 142, 315, 322: „Für das Privileg der fehlenden persönlichen Gesellschafterhaftung ist bei der Wahl der Rechtsform der GmbH aber der im Gesetz vorgesehene Preis, in Form der Pflichten zur Aufbringung und Erhaltung eines Mindestkapitals und der Registerpublizität zu zahlen.“

[51] So wurde die Norm vom BGH als „Kernstück des GmbH-Rechts“ bezeichnet, vgl. BGHZ 28, 77, 78. Vgl. auch *Habersack*, in: Ulmer (u.a.), GmbHG, § 30 Rn. 1; *Lutter*, Kapital, S. 42; *Westermann*, in: Scholz, GmbHG, § 30 Rn. 1. Nachdem es sich bei dem (präinsolvenziellen) Eigenkapitalersatzrecht um ein häufig gescholtenes deutsches Spezifikum des Bilanztestsystems handelt, das für die SPE von geringer Bedeutung ist, soll eine Erörterung hier ausbleiben. Vgl. hierzu *Haas*, in: Hommelhoff/Helms, Neue Wege, S. 163-166; *Helms*, EPG, S. 305f. sowie instruktiv *K.Schmidt*, GesR, § 37 IV; *Raiser/Veil*, KapG, § 38.

[52] Vgl. zum Begriff der Unterbilanz: *Raiser/Veil*, KapG, § 37 Rn. 10. Dass die Norm selbstverständlich erst recht auch bei Auszahlungen greift, die zu einer Überschuldung führen, ist seit 1990 unbestritten. S. hierzu im Kontext des § 31 Abs. 3 GmbHG *Joost*, GmbHR 1983, 285, 287; *K.Schmidt*, GesR, S. 1135f.; *Mayer/Fronhöfer*, in: Hdb. GesR, § 51 Rn. 23; *Wilhelm*, in: FS Flume II, S. 337, 361ff.

[53] Die Mindeskapitalziffer wird durch das Gesetz zur Modernisierung des GmbH-Rechts und zur Bekämpfung von Missbräuchen (MoMiG, BT-Drs. 16/6140) gem. § 5 Abs. 1 GmbHG-E auf 10.000 € gesenkt.

[54] Hierüber erklärt sich die Bezeichnung als Bilanztestsystem, vgl. *Joost*, GmbHR 1983, 285, 287.

[55] *Ballwieser*, DK 2007, 419.

Ergänzung des bilanzbasierten Kapitalerhaltungssystems[56] durch die Ansatz- und Bewertungsregelungen des HGB.[57]

Entscheidend ist, welche Positionen als Aktiva und Passiva anzusetzen und wie diese zu bewerten sind, da jedes Kapitalerhaltungssystem durch zu „freigiebige“ Bilanzvorschriften unterlaufen und entwertet werden kann. Beispielhaft sei hier allein das Vorsichtsprinzip in seiner Ausprägung durch das Imparitäts- (§ 252 Abs. 1 Nr. 4 Hs. 1 HGB) und das Realisationsprinzip (§ 252 Abs. 1 Nr. 4 Hs. 2 HGB) als tragende Säule des deutschen Bilanzrechts[58] dargestellt. Dieses bilanzielle Fundament stellt sicher, dass das Gesellschaftsvermögen nicht zu hoch ausgewiesen wird, da sowohl Imparitäts- als auch Realisationsprinzip einen möglichst risikoarmen Gewinnausweis beabsichtigen.[59]

Nach dem Imparitätsprinzip sind Aktiva unter Berücksichtigung aller vorhersehbaren Risiken und Verluste eher zu niedrig, Verbindlichkeiten eher zu hoch anzusetzen.[60] Das Realisationsprinzip verlegt den Zeitpunkt der Gewinnrealisierung über den Vertragsschluss hinaus auf die reale Leistungserbringung nach hinten.[61] Konsequenz dieser Bewertung ist, dass vage Gewinnchancen und unsichere Wertsteigerungen bilanziell nicht ausgewiesen (und damit nicht ausgeschüttet) werden können und so dem Gesellschaftsvermögen erhalten bleiben.[62] Das Vorsichtsprinzip führt folglich zu einem sinkenden Bilanzgewinn, der zugunsten der Gläubiger einen Rückgang der Ausschüttungen zur Folge hat.[63]

c) Haftung im Falle rechtswidriger Auszahlungen

Flankiert wird das gesellschaftsrechtliche Kapitalerhaltungssystem durch die Regelungen zur Haftung der Gesellschafter und Geschäftsführer. So ordnet § 31 GmbHG an,

---

[56] Vgl. *Hennrichs*, StuW 2005, 256, 257f., der auf die „fundamentale gesellschaftsrechtliche Funktion des Bilanzrechts“ durch dessen Ausschüttungsbegrenzungs- und Kapitalschutzwirkung verweist. Vgl. auch *Koll-Möllenhoff*, Grundkapital, S. 154; *Kübler*, ZGR 2000, 555ff.; *Mülbert*, DK 2004, 151, 153.

[57] *Thiel/Lüdtke-Handjery,* Bilanzrecht, Rn. 271. Grdl. zum Bilanzzweck *Moxter*, in: FS Baetge, S. 408, 409f.

[58] Vgl. *Heuser/Theile*, IFRS, Rn. 11; *Moxter*, in: FS Beisse, S. 347, 348f.; *Wüstemann*, GAAP, S. 107-110.

[59] Vgl. die übersichtliche Darstellung der gläubigerschützenden Bewertungsprinzipien im deutschen Recht bei *Thiel/Lüdtke-Handjery*, Bilanzrecht, Rn. 273. S. zur Bedeutung des Vorsichtsprinzips: *Baetge/Kirsch/Thiele*, Bilanzen, S. 135-140; *Kübler*, ZHR 1995, 550, 552; *Schön*, in: FS Heldrich, S. 391, 392; *Schulze-Osterloh*, DK 2004, 173, 177. Vgl. historisch *Wüstemann/Bischof/Kierzek*, BB-Beilage 5/2007, 13, 14f. Kritisch zur Effizienz des Vorsichtsprinzips *Semler/Goldschmidt*, ZIP 2005, 3, 6.

[60] S. *Thiel/Lüdtke-Handjery*, Bilanzrecht, Rn. 352f., 366-370.

[61] *Ebd.*, Rn. 355-364.

[62] S. *Federmann*, Bilanzierung, S. 165-167.

[63] Vgl. darüber hinausgehend zur weiteren Abstützung der pessimistischen Bewertung im deutschen Bilanzrecht durch das Niederstwertprinzip *Kanitz*, Bilanzkunde, Rn. 288ff.

dass Zahlungen an die Gesellschafter, die der Vorschrift des § 30 GmbHG zuwider geleistet wurden, der Gesellschaft zu erstatten sind.[64] Geschäftsführer haften der GmbH gem. § 43 Abs. 3 GmbH auf Schadensersatz für widerrechtliche Ausschüttungen. Hierbei gilt ein objektiver Verschuldensmaßstab, der an die Ausschüttungshandlung anknüpft.[65]

2. Der Solvenztest – die US-amerikanische Alternative

Im Gegensatz zur dargestellten bilanzbasierten Ausschüttungsregelung wurde erstmals in den USA mit dem *Revised Model Business Corporation Act* (RMBCA)[66] von 1984 ein solvenztestbasiertes Schutzsystem eingeführt, das international zunehmende Anhängerschaft findet.[67]

a) Die gesellschaftsrechtliche Ausschüttungssperre des § 6.40 RMBCA

Durch den RMBCA sind in den USA sowohl das Mindestkapitalerfordernis wie auch der *capital surplus*[68]-Test gefallen. Das klassische Kapitalschutzsystem wurde in § 6.40 RMBCA durch eine zweistufige Ausschüttungsregelung ersetzt.[69] So stellt der RMBCA eine Dividendenausschüttung einerseits unter den Vorbehalt, dass die Gesellschaft nach der Ausschüttung ihre Verbindlichkeiten bei Fälligkeit erfüllen kann (sog. *equity insolvency test*, § 6.40(c)(1) RMBCA[70]) und andererseits sämtliche Verbindlichkeiten der Gesellschaft durch ihr Vermögen gedeckt werden (sog. *balance sheet/bankruptcy insolvency test*, § 6.40(c)(2) RMBCA[71]).

---

[64] Auf eine Darstellung von §§ 31 Abs. 2-6 sowie § 32 GmbHG wird hier aus Platzgründen verzichtet. Vgl. dazu *Raiser/Veil*, KapG, § 37 Rn. 24-40 mwN sowie *K.Schmidt*, GesR, S. 1142-1146.

[65] S. *Haas*, in: Michalski, § 43 Rn. 217; *Zöllner/Noack*, in: Baumbach/Hueck, § 43 Rn. 48; *Paefgen*, in: Ulmer u.a., GmbHG, § 43 Rn. 148; *Raiser/Veil*, KapG, § 32 Rn. 93. A.A: *Habersack/Schürnbrand*, WM 2005, 957, 960f. Darüber hinaus haben die gem. § 31 Abs. 3 GmbHG in Anspruch genommenen Gesellschafter einen Anspruch aus § 31 Abs. 6 GmbHG gg. den Geschäftsführer sofern dieser die Auszahlung schuldhaft nicht verhindert hat, vgl. *Raiser/Veil*, KapG, § 37 Rn. 39 sowie umfassend zu einer weitergehenden deliktischen und strafrechtlichen Haftung gegenüber Dritten *ebd.*, § 32 IV, V.

[66] Das amerikanische Gesellschaftsrecht fällt in die Gesetzgebungskompetenz der Länder (Arg. e contrario aus Art. I Sec. 8 cl. 3 US Constitution). Nachdem jedoch durch die bemerkenswerte Akzeptanz des RMBCA eine neue Vereinheitlichungstendenz entsteht, soll allein dieses Gesetz dargestellt werden. Vgl. zur Umsetzung des RMBCA *Merkt/Göthel*, US-GesR, Rn. 216. Vgl. auch die Darstellung von UFTA und UFCA, die hier aus Platzgründen ausbleiben soll bei *Allen u.a.*, Business Organizations, S. 141-143.

[67] S. rechtsvgl. zur Situation in Neuseeland und Groß-Britannien *Jungmann*, ZGR 2006,638, 649-658. Zudem wurde der neuseeländische Solvenztest auch in Südafrika eingeführt, s. 7 Wko. L. Rev (2001), online abrufbar unter: http://www.austlii.edu.au/nz/journals/WkoLRev/2001/7.html.

[68] Hiermit werden Gewinne bezeichnet, die das gezeichnete Kapital übersteigen. Dieser Test entsprach im Wesentlichen § 30 Abs. 1 GmbHG.

[69] *Allen (u.a.)*, Business Organizations, S. 135, bezeichnen die herkömmlichen Mindestkapitalregelungen Kontinentaleuropas aus ökonomischer Sicht gar als *„rather primitive"*.

[70] „No distribution may be made if, after giving it effect, the corporation would not be able to pay its debts as they become due in the usual course of business."

[71] S. sogleich C.I.2.a)bb).

aa) Der equity insolvency test, § 6.40(c)(1) RMBCA

Der *equity insolvency test* stellt den Kern der Ausschüttungsregelungen des RMBCA dar. Zur Erstellung der Solvenzprognose ist die Ertragskraft des Unternehmens den erwarteten Verbindlichkeiten gegenüber zu stellen.[72] Durch diesen Systemwechsel wird die bilanzielle Betrachtung zugunsten einer prognoseorientierten *Cashflow*-Analyse aufgeben.[73] Dem liegt die Annahme zugrunde, dass Gläubiger vorrangig am erwarteten Kapitalfluss interessiert sind, da die Erfüllung ihrer Forderung allein von der künftigen Liquidität ihres Schuldners abhängt. Ein statischer Bilanztest sei hingegen für die Gläubiger von geringer Relevanz, da er nichts über die Zahlungsfähigkeit der Gesellschaft auszusagen vermag.[74]

Die Solvenzgarantie der Direktoren darf nach der offiziellen Kommentierung erfolgen, sobald Wirtschaftsprüfer von der Fortführung des Unternehmens ausgehen.[75] Hierfür sind die Liquidität des Schuldnervermögens, seine Ertragsmöglichkeiten sowie der Reifegrad der Schulden in die Prognose einzubeziehen.[76]

Der zeitliche Rahmen einer Solvenzprognose wurde von der Rechtsprechung in der Rechtssache *Pereira v. Cogan* definiert. Hiernach muss die Solvenzerklärung wenigstens eine dreijährige Liquidität gewährleisten.[77]

bb) Der balance sheet test, § 6.40(c)(2) RMBCA

Neben dem Solvenztest stellt der *balance sheet test* die kumulative zweite Säule des Kapitalerhaltungssystems des RMBCA dar und untersagt vereinfacht eine Ausschüttung immer dann, wenn die Aktiva nicht mehr die Verbindlichkeiten decken.

Die Beibehaltung des *balance sheet test* neben dem Solvenztest wurde im Gesetzgebungsverfahren heftig kritisiert[78] und kann nur politisch dadurch erklärt werden, dass

---

[72] *Palmiter*, Corporations, 2006, S. 535; Changes in the MBCA, 42 Bus. Law. (1987) 259, 262.

[73] *Pellens/Sellhorn*, in: Lutter, Kapital in Europa, S. 453, 474 mwN; *Ralston*, 47 Alb. L. Rev. (1983) 1019, 1029f.; *Marx*, DZWir 2006, 401, 402. In der Entscheidung „In re Healthco" entschied das Gericht, dass ein Direktor seine Sorgfaltspflicht verletze, wenn er einer Auszahlung ohne vorherige *Cashflow*-Prognose zustimmt vgl. In re Healthco International, Inc., 208 B.R. 288 (Bankr. D. Mass. 1997).

[74] *Emanuel*, Corporations, S. 559.

[75] Vgl. *Eisenberg*, Statute, Official Comment, S. 746f.

[76] *Eisenberg*, Statutes, Official Comment, S. 747. Vgl. instruktiv zur betriebswirtschaftlichen Berechnung des Reifegrades einer Verbindlichkeit und ihrer Umsetzung in die *Cashflow*-Rechnung der Unternehmensfinanzierung *Perridon/Steiner*, Finanzwirtschaft, S. 558.

[77] Pereira v. Cogan 294 B.R. 449 (S.D. N.Y. 2003); *Marx*, DZWir 2006, 401, 402.

[78] S. Changes in the MBCA, 42 Bus. Law. (1987) 259.

der Bundesgesetzgeber anderenfalls eine fehlende Akzeptanz des neuen RMBCA-Statuts in den Mitgliedstaaten befürchtete.[79]

b) Bilanzrecht im Kontext des § 6.40(c)(2) RMBCA

Der *balance sheet test* basiert ebenso wie das deutsche Kapitalerhaltungsrecht auf einer bilanziellen Betrachtung. Es überrascht daher, dass § 6.40(d) RMBCA den Direktoren allein die Anwendung „angemessener" Bewertungsregeln vorschreibt.[80] Infolgedessen besteht eine Wahlfreiheit zwischen einer Bewertung des Unternehmensvermögens auf der Basis der Bilanz (Teilwertansatz) oder aufgrund des fortgeführten Unternehmenswertes (sog. *going concern*). Letzteres gilt solange als angemessen, wie eine Fortführungsabsicht besteht.[81] Nachdem der *going concern*-Wert im Wesentlichen jedoch auf diskontierten Kapitalflussrechnungen basiert, besteht eine Prüfungsredundanz mit dem *equity insolvency test.*[82]

Auch ein bilanzieller Teilwertansatz wird meist dieselben Zahlen liefern, nachdem die US-GAAP *Cashflow*-orientiert auf eine Bewertung zum Zeitwert ausgerichtet sind (sog. „*mark-to-market accounting*").[83] Somit besteht weitestgehende Kongruenz zwischen dem Datenmaterial eines Solvenztests und den Buchwerten eines kapitalmarktorientierten Bilanzrechts.[84]

c) Haftung im Falle rechtswidriger Ausschüttungen

Gem. § 8.33(a) RMBCA haften Direktoren persönlich gegenüber der Gesellschaft in Höhe der unzulässigen Ausschüttung, wenn sie für eine Auszahlung gestimmt haben. Die Haftung begrenzt sich auf den Differenzbetrag, der über das Maß der zulässigen Ausschüttung hinausgeht und ist zudem subjektiv an ein Verschulden geknüpft.[85] Den Direktoren wird darüber hinaus bei der Unternehmensbewertung Ermessen im Rahmen

[79] Changes in the MBCA, 42 Bus. Law. (1987) 259, wobei insbesondere die rückwärtsgewandte Betrachtung sowie der fehlende Schutz ohne garantiertes Mindestkapital kritisiert wurden. Daneben sollte dem *board* ein methodischer Ansatz zur Erstellung der Solvenzprognose unter Bezug auf die Bilanz an die Hand gegeben werden, vgl. *Manning/Hanks*, Legal Capital, S. 185f., *Rickford*, EBLR 2004, 919, 975.

[80] S. *Eisenberg*, Statutes, S. 748-750. Kritisch hierzu *Bainbridge*, Corporation Law, S. 778.

[81] *Eisenberg*, Statutes, S. 748-750; *Marx*, Solvenztest, S. 111f.; *ders.*, DZWir 2006, 401, 403.

[82] *Marx*, DZWir 2006, 401, 403. Gem. § 8.30(d) RMBCA dürfen sich Direktoren bei der Erstellung dieser Prognosen auf die Angaben externer Spezialisten verlassen *Eisenberg*, Statutes, Official Comment, S. 748.

[83] S. FASB, Statements of Financial Accounting Concepts – Accounting Standards, 1990, S. 1; Kübler, ZHR 1995, 550, 554; Selchert/Erhardt, Rechnungslegung, S. 15-27.

[84] *Manning/Hanks*, Legal Capital, S. 65, 186; *Richard*, Kapitalschutz, S. 101.

[85] *Richard*, Kapitalschutz, S. 104; *Marx*, Solvenztest, S. 116-124; .

der *business judgment rule* gewährt, s. §§ 8.30(a), (b) RMBCA.[86] Sofern sie die notwendigen Sorgfalts- und Loyalitätspflichten beachten, ist das Ergebnis als unternehmerische Entscheidung der gerichtlichen Kontrolle entzogen und damit nur beschränkt justiziabel.[87]

Die Gesellschafter sehen sich nur im Falle der Bösgläubigkeit einem Regressanspruch *der Direktoren* aus § 8.33(a), (b)(2) RMCBA ausgesetzt.[88]

3. Zwischenergebnis

Nach einem Vergleich der Rechtslage in Deutschland und den USA präsentiert sich das solvenztestbasierte Modell Amerikas als prognostisch und damit aus unternehmerischer Sicht sowie aus Gläubigerperspektive als reizvoll. Da jedoch weder hinsichtlich der Erstellung einer Solvenzprognose noch hinsichtlich der bilanziellen Bewertung legislative Vorgaben gemacht werden, kann kein dem deutschen Recht entsprechender Gläubigerschutz garantiert werden. Dieses Ergebnis wird dadurch verstärkt, dass die Prognose der Direktoren nur beschränkt justiziabel ist.

II. Analyse der Ausschüttungssperren aus Gläubiger- und Gesellschaftersicht unter Effizienzgesichtspunkten

Nachdem beide Grundmodelle der Kapitalerhaltung durch Ausschüttungssperren in ihren Grundzügen dargestellt wurden, sollen diese nun auf ihre Effizienz überprüft werden, wobei mithilfe der Methodik der ökonomischen Analyse die Grundlage der weiteren Argumentation gelegt werden soll.[89]

1. Spezielles Gläubigerschutzbedürfnis bei Ausschüttungen

Bevor ein Vergleich der Ausschüttungsmodelle erfolgen kann, muss zunächst deren Zielsetzung über die Bestimmung der Gläubigerinteressen im Umgang mit juristischen Personen herausgearbeitet werden.

---

[86] *Merkt/Göthel*, US-GesR, Rn. 534.

[87] Vgl. Sinclair v. Levien, 280 A.2d 717 (1971); Liebman v. Auto Stop, 241 N.Y. 427 (1926); *Marx*, Solvenztest, S. 116ff. Instr. zur Business Judgment Rule *Fleischer*, in: FS Wiedemann, S. 827, 829f., 833f.

[88] Vgl. *Merkt/Göthel*, US-GesR, S. 282 die zu Recht betonen, dass ein solcher Anspruch aufgrund der weitgehenden Haftungsfreistellung der Direktoren nur in den seltensten Fällen zu erwarten ist.

[89] Zur Ökonomischen Analyse im Kontext legislativer Ratschläge *Schäfer/Ott*, Ökonomische Analyse, S. 6f.

Das Gläubigerschutzbedürfnis im Umgang mit juristischen Personen ist allgemein anerkannt und entspricht dem Risiko im Kontakt mit natürlichen Personen. Es soll für die folgende Erörterung daher unterstellt werden.[90]

Neben diesem allgemeinen Gläubigerschutzbedürfnis entsteht jedoch ein spezielles Gefährdungspotential bei der juristischen Person infolge der Beschränkung der wirtschaftlichen Gesellschafterhaftung auf ihre Einlagen und dem daraus resultierenden Entwertungsrisiko (sog. *moral hazard*).[91] Indem Gesellschafter lediglich in Höhe ihrer Einlagen einen Teil des unternehmerischen Risikos tragen, können sie dieses durch Ausschüttungen reduzieren. Jede Ausschüttung vermindert das Gesellschaftsvermögen und steigert gleichsam die Insolvenzanfälligkeit der Gesellschaft.[92] Ohne Ausschüttungssperren bestünde daher (vorbehaltlich sonstiger externer Kontrollmechanismen) die Gefahr, dass Gesellschafter nach Vertragsschluss das Insolvenzrisiko durch Abzug des Eigenkapitals verdeckt auf die Gläubiger übertrügen (sog. Agiotage) sobald sie feststellen, dass sich ein Geschäft unrentabel entwickelt.[93]

In Ermangelung von Ausschüttungssperren müssten rationale Vertragsgläubiger mit diesem Desinvestitionsanreiz rechnen und somit von der fehlenden Solvenz ihres Vertragspartners (der jur. Person) ausgehen. Die ökonomische Folge dieser Kalkulation wäre die wirtschaftliche Entwertung der Selbständigkeit juristischer Personen, da stets die Gesellschafter in den Vertrag einbezogen werden müssten.[94]

Ausschüttungsregelungen werden daher teilweise auch als Interessenkollisionsregeln bezeichnet, die die Gesellschafterinteressen ab einem gewissen Zeitpunkt den Gläubigerinteressen unterordnen und somit die Grundlage für die Haftungsbeschränkung legen.[95]

---

[90] Vgl. dazu statt vieler *Hertig/Kanda*, in: Kraakman (u.a.), Anatomy, S. 83-85; *Wiedemann*, GesR, S. 545. Dieser Annahme trat kurzfristig die neoklassische Finanztheorie entgegen, die aufgrund der REM-Hypothese (s. *Schäfer/Ott*, Ökonomische Analyse, S. 62-72) argumentierte, dass Transaktionen stets nur bei angemessener Risikokompensation zustande kämen, vgl. *Easterbrook/Fischel*, 52 U.Chi. L. Rev. (1985) 104f.; *Enriques/Macey*, 86 Cornell Law Review (2001) 1165, 1188; *Kübler*, EBLR 2004, 1030f.; *Posner*, 43 U. Chi. L. Rev. (1976) 499, 503; *Roth*, ZGR 1986, 371, 374. Diese Annahme trifft jedoch nur für freiwillige Gläubiger zu und setzt zudem gleichstarke Verhandlungspartner voraus und wird so durch die Realität widerlegt, s. *Engert*, ZHR 2006, 296, 306; *Hansmann/Kraakman*, 100 Yale L.J. (1991) 1879ff.

[91] Statt vieler *Mülbert*, EBOR 2006, 357, 369-375 mwN. Rechtfertigen lässt sich die Haftungsbeschränkung bei „kleinen Kapitalgesellschaften" dennoch durch die volkswirtschaftlich gewollte Steigerung der Risikobereitschaft, die nachweislich eine volkswirtschaftliche Pareto-Verbesserung zur Folge hat und daher nicht mehr bestritten wird, vgl. *Hansmann/Kraakman*, 110 Yale L.J. (2000) 387-344 sowie im historischen Kontext *Meyer*, Haftungsbeschränkung, S. 289-313, 492-505.

[92] Vgl. *Armour*, EBOR 2006, 11-15; *Engert*, ZGR 2006, 296, 301f.; *Pellens/Crasselt/Sellhorn*, zfbf 2007, 264, 266.

[93] *Allen (u.a.)*, Business Organizations, S. 131f.; *Bezzenberger*, Kapital, S. 89f.; *Easterbrook/Fischel*, Economic Structure, S. 49f.; *Marx*, Solvenztest, S. 57f.; *Mülbert*, DK 2004, 151, 153; *Posner*, Economic Analysis, S. 395; *Schäfer/Ott*, Ökonomische Analyse, S. 396f., 536-538.

[94] S. *Hertig/Kanda*, in: Kraakman (u.a.), Anatomy, S. 71-73; ebenso *Immenga*, Kapitalgesellschaft, S. 349f.

[95] *Armour*, EBOR 2006, 5, 13; *Engert* BB 2005, 1951f.; *Haas*, Gutachten 66. DJT, S. E 126; *Roth/Altmeppen*, GmbHG, § 30 Rn. 6; *Lutter*, in: FS Stiefel, S. 505, 512; *Wilhelmi*, Kapitalerhaltung, S. 94f.

Die Kapitalerhaltung garantiert demnach, dass die Risikoprämie, mit der Gläubiger bei Vertragsschluss kalkulieren, auch in der Folgezeit noch das Insolvenzrisiko widerspiegelt und im Nachhinein nicht zu deren Lasten erhöht werden kann.[96] Aus dieser Risikoverteilung folgt zugleich, dass die Zielsetzung von Ausschüttungssperren primär an den Interessen vertraglicher Gläubiger ausgerichtet sein sollte und weitere Ziele allenfalls mittelbar und subsidiär verfolgt werden können.[97]

2. Erforderlichkeit zwingender Ausschüttungsregelungen

Nach der Herleitung des ökonomischen Bedürfnisses nach Ausschüttungssperren und deren Zielsetzung muss in einem nächsten Schritt geklärt werden, ob die Umsetzung durch zwingendes Recht erfolgen muss oder effizienter und kostengünstiger über den Markt geregelt werden kann.[98]

a) Privatautonome Ausschüttungssperren - Covenants

Der rechtsvergleichende Blick in die USA offenbarte ein legislatives Gläubigerschutzdefizit. Dementsprechend vertraut der Markt dort auf verhandlungsstarke Großgläubiger, die durch sog. *Covenants* privatautonom eine effiziente Risikoverteilung vornehmen und den geschilderten Desinvestitionsanreiz wirksam bekämpfen sollen.[99] *Covenants* sind Vertragsklauseln in Kreditverträgen, die den Schuldner in der Aufnahme weiterer Kredite beschränken und Ausschüttungen von speziellen *Cashflow*-basierten Solvenzkriterien abhängig machen.[100] Auch wenn sich solche Vereinbarung transaktionskostentheoretisch nur für Großgläubiger lohnen[101], geht man davon aus,

---

[96] Pellens/Crasselt/Sellhorn, zfbf 2007, 264, 267.

[97] S. *Armour*, EBOR 2006, 5, 11-15; *Jungmann*, ZGR 2006, 638, 642 m. Verweis auf *Wiedemann*, GesR, Bd. 1, S. 516; *Schön*, EBOR 2006, 181, 182f. Auch die Kommission verfolgt diesen Ansatz, s. VO-E, S. 8. Deliktischer Gläubigerschutz kann bei einem Mindestkapital von 1 EUR nicht mehr ernsthaft bezweckt sein.

[98] Vgl. zu dieser methodischen Frage des „*Institutional Choice*“ *Schäfer/Ott*, Ökonomische Analyse, S. 4f.

[99] *Kuhner*, ZGR 2005, 753, 760; *Merkt*, ZGR 2004, 305, 313f.; *Wüstemann/Bischof/Kierzek*, BB-Beilage 5/2007, 13, 15.

[100] Vgl. *Bauer*, Gläubigerschutz, S. 307-312; *Mülbert/Birke*, 3 EBOR (2002), 695, 723f.; *Schön*, DK 2004, 126, 166. Ein derartiges Großgläubigerverhalten ist der europäischen Bankenpraxis nicht fremd, wobei hier eher faktsicher Druck über Kündigungsdrohungen ausgeübt wird, vgl. nur Nr. 19 Abs. 3 S. 2 Spiegelstr. 2 AGB der Banken, wonach eine wesentliche Verschlechterung der Vermögensverhältnisse zur fristlosen Kündigung berechtigt und nach Nr. 13 Abs. 2 S. 3 Spiegelstr. 1 AGB der Banken zusätzliche Sicherheiten verlangt werden dürfen, wenn sich die wirtschaftlichen Verhältnisse des Kunden nachteilig verändern. Klassische *Covenants* nach US-amerikanischer Form sind in Europa jedoch nicht praktikabel, da Kreditgeber nach frz. und ital. Recht in die Insolvenzhaftung geraten könnten und nach dtsch. Recht das Verbot der Darlehensrückgewähr nach Eigenkapitalersatzrecht aktiviert würde, s. *Merkt*, ZGR 2004, 305, 314 mwN.

[101] S. *Mülbert*, EBOR 2006, 357, 375. A.A. *Enriques/Macey*, 86 Cornell L. Rev. (2001) 1165, 1192.

dass diese Kapitalschutzregelungen die Interessen von Kleingläubigern umfassen würden (sog. *free ride*-Effekt).[102]

Der ökonomische Vorzug privatautonomer Ausschüttungssperren besteht darin, dass Großgläubiger über das notwendige Wissen verfügen, um den speziellen Eigenkapitalbedarf des jeweiligen Unternehmens abzuschätzen.[103]

b) Gläubigerkonflikte im rein privatautonomen System

Nachdem die Anreizstruktur der Großgläubiger jedoch allein auf die Absicherung eigener Risiken ausgelegt ist, muss hinterfragt werden, inwiefern ein *free ride*-Effekt zugunsten anderer Stakeholder tatsächlich eintreten kann.[104]

Verhandlungsstarke Kreditgeber profitieren von einem zu geringen Eigenkapital der Gesellschaft, wenn Kleingläubiger (mangels Verhandlungsmacht oder -möglichkeit[105]) ihr Ausfallrisiko nicht einpreisen und damit die Fremdkapitalquote des Unternehmens derartige Risiken nicht reflektiert.[106] Eine weitere Gefahr entsteht dadurch, dass in Krisenzeiten der Desinvestitionsanreiz von Gläubigern und Gesellschaftern steigt, da die Rückflusswahrscheinlichkeit ihrer Investition mit steigender Insolvenzgefahr abnimmt.[107] Nachdem gerade Großgläubiger aufgrund ihres Einblicks in die Unternehmensinterna deutlich früher eine sich abzeichnende Krise erkennen können, gilt zu befürchten, dass sie hierauf zulasten der Kleingläubiger reagieren werden.[108] Schließlich können verhandlungsstarke Kapitalgeber auch außerhalb der Krise einen Kapitalabzug der Anteilseigner zulasten verhandlungsschwacher Gläubiger zulassen, wenn ihnen im Gegenzug eine hinreichend hohe Verzinsung oder eine Besicherung ihrer Forderung über das Privatvermögen der Gläubiger gewährt wird.[109] Im Extremfall kann eine

[102] Vgl. *Enriques/Macey*, 86 Cornell Law Review (2001), 1165, 1172; *Hertig/Kanda*, in: Kraakman (u.a.), Anatomy, S. 71ff. Ebenso *Arnold*, DK 2007, 118, 120 der von „Trittbrettfahrern" spricht. Auch für Großgläubiger würden nach *Armour*, 63 M. L. R. (2000) 355, 361 die Kosten sinken, da sie bei unterschiedlichen Schuldnern von entsprechenden Sicherheitsvorkehrungen anderer Gläubiger profitieren würden.

[103] Vgl. hierzu *Engert*, ZHR 2006, 296, 305.

[104] *Armour*, 63 Modern Law Review (2000) 360 meint, dass es sich hierbei um ein Problem des Wettbewerbsrechts handele, dass nicht gesellschaftsrechtlich gelöst werden sollte. Dagegen überzeugend *Kuhner*, ZGR 2005, 753, 762 unter Verweis auf umfassende Anforderungen an ein effizientes Kapitalerhaltungssystem.

[105] Vgl. hierzu *Bebchuk/Fried*, 105 Yale L.J. (1996) 857, 880ff.; *Spindler*, EBOR 2006, 339, 343f.

[106] *Ballwieser*, DK 2007, 419. 421; *Eidenmüller/Engert*, AG 2005, 97, 106; *Engert*, ZHR 2006, 296, 306.

[107] So auch *Engert*, ZHR 2006, 296, 307.

[108] S. *Eidenmüller/Engert*, AG 2005, 97, 197

[109] *Engert*, ZHR 2006, 296, 308 mit Verweis auf *LoPucki*, 80 Va. L. Rev. (1994) 1887, 1899: „*Security is an agreement between A and B that C take nothing.*". Dieser grundlegenden Argumentation hält *Engert*, ZHR 2006, 296, 308 mwN in Fn. 50 entgegen, dass Banken in der Regel nicht vollständig besichert sind.

Besicherung über das Privatvermögen der Gesellschafter sogar einen Anreiz der Großgläubiger zum Abzug von Eigenkapital hervorbringen, da auf diesem Wege die private Haftungsmasse des Schuldners angereichert wird.[110]

Ebenso verhält es sich bei Konzerngesellschaften. Wenn Großgläubiger durch andere Konzerntöchter besichert werden, erfolgt auch hier eine Vermögensverschiebung im Konzern zulasten der Kleingläubiger der jeweiligen Tochter im ökonomischen Interesse besicherter Großgläubiger.[111]

c) Zwischenergebnis

Als Zwischenergebnis kann damit festgehalten werden, dass ein ökonomisches und sozialpolitisches Bedürfnis für Ausschüttungssperren besteht, das nur unzulänglich über den Markt befriedigt wird.[112] Ausschüttungssperren können dabei den Gläubigerschutzbedürfnissen lediglich insoweit Rechnung tragen, als sie eine nachträgliche, verdeckte Manipulation der vertraglichen Risikoverteilung unterbinden.[113]

3. Umsetzung des Gläubigerschutzes durch Ausschüttungssperren

Nach der Darstellung der Gläubigerbedürfnisse kann vorab festgehalten werden, dass das Ziel eines Kapitalerhaltungssystems nicht darin besteht, die Gläubiger vor der Insolvenz ihres Schuldners zu bewahren. Die erforderlichen Schutzmechanismen wären derart radikal, dass dies einer Aufgabe der Haftungsbegrenzung gleichkäme.[114] Ziel der gesellschaftsrechtlichen Kapitalerhaltung kann es mithin nur sein, Sorge dafür zu tragen, dass das Insolvenzrisiko der Gesellschaft durch Kapitaltransfers zwischen Gesellschaftern und der Gesellschaft nicht über ein „erträgliches Maß“ hinaus gesteigert und auf die Gläubiger übertragen wird.[115] Dieses Ziel wird in der Terminologie der

---

[110] *Engert*, ZHR 2006, 296, 309.

[111] Bei dieser Argumentation wird unterstellt, dass die Gläubiger nicht über einen Haftungsdurchgriff auf das gesamte Konzernvermögen zugreifen können. Empirische Ergebnisse gehen von einer Konzernhaftung in weniger als einem Viertel aller Haftungsfälle aus, s. *Meyer*, Haftungsbeschränkung, S. 777ff., 794ff., 1054.

[112] So im Ergebnis auch *Fuchs/Stibi*, BB 2007, 19. Vgl. zu einer empirischen Unterstützung dieser Theorien aus dem US-amerikanischen Recht *Engert*, GmbHR 2007, 337, 342 unter Verweis auf die *Mansi/Maxwell/Wald*-Studie. Ebenso zum deutschen Recht *Kuhner*, ZGR 2005, 753, 783-786.

[113] So im Ergebnis auch *Engert* ZHR 2006, 296, 301; *Jungmann*, ZGR 2006, 638, 642; *Pellens/Crasselt/Sellhorn*, zfbf 2007, 264, 266; Wiedemann, GesR, Bd. 1, S. 516.

[114] Vgl. *Jungmann*, ZGR 2006, 638, 642f. mit Verweis auf den französischen Art. L225248 Code de Commerce der diesem Ideal durch sein „*recapitalise or liquidate*“-System schon bedenklich nahe kommt.

[115] Instruktiv hierzu *Hansmann/Kraakman*, in: Kraakman (u.a.), Anatomy, S. 1ff. Vgl. auch *Pellens/Crasselt/Sellhorn*, zfbf 2007, 264, 269 die zutreffend anmerken, dass jede Auszahlung das Insolvenzrisiko steigert, sodass allein die Bestimmung einer für Gläubiger „erträglichen“ Schwelle erfolgen muss.

Finanztheorie durch die sog. *Absolute Priority Rule* in Form von gesetzlichen Ausschüttungssperren verfolgt.[116]

Danach gilt im Verhältnis zwischen der Gesellschaft und den Anteilseignern primär, dass Gläubiger ihr Ausfallrisiko in Abhängigkeit von dem zur Verfügung gestellten Eigenkapital errechnen können und dieses der Gesellschaft somit dauerhaft erhalten bleiben muss.[117] Die zweite Achse dieses Konzepts konzentriert sich auf das Verhältnis zwischen Gläubigern und Gesellschaftern. Auch in dieser Beziehung werden Gesellschafter hintan gestellt und die vorrangige Befriedigung der Gläubiger betont.[118] Gerade diese zweite Säule wird von den Vertretern des Solvenztests zur Begründung ihres Ansatzes herangezogen: So wird angeführt, dass ein Verstoß gegen das Versprechen der Gesellschafter der Gesellschaft dauerhaft Kapital zur Verfügung zu stellen, lediglich im Innenverhältnis von Relevanz ist. Gläubiger wären hingegen allein daran interessiert, dass bei Fälligkeit ihrer Forderungen die Solvenz der Gesellschaft gewährleistet wird.[119] Nachdem der Interessenkonflikt erst im Moment der Auszahlung eintritt, setzt der Solvenztest hier an, indem er die Ausschüttung unter den Vorbehalt späterer Zahlungsfähigkeit stellt.[120]

4. Kritische Würdigung der Rechtfertigung bilanzieller Kapitalerhaltung

Nachdem das vorrangige Liquiditätsinteresse der Gläubiger dargestellt wurde, kann ein klassisch-bilanzielles Kapitalerhaltungssystem nur dann überzeugen, wenn es sich trotz der Verwendung historischer Daten gegenüber dem Solvenztest als überlegen darstellt.[121] Hierzu sollen zunächst die Zielsetzungen des klassischen Bilanztests untersucht werden.

---

[116] *Brea-Ley/Myers/Allen*, Corporate Finance, 477ff.; *Fuchs/Stibi*, BB 2007, 19, 20.

[117] Vgl. *Bitter*, ZHR 2004, 302, 330ff.; *Lutter*, in: Lutter, Kapital in Europa, S. 1, 9f.; *Schön*, EBOR 2006, 181, 184; *Wiedemann*, GesR, Bd. 1, S. 515 spricht von einem „Eigenkapitaleinsatz *à fonds perdu*".

[118] Die Umsetzung dieses Konzepts kommt im deutschen Recht in § 199 S. 2 InsO zum Ausdruck.

[119] Vgl. *Mülbert/Birke*, EBOR 2002, 695, 718. S. a. *Baetge/Kirsch/Thiele*, Bilanzen, S. 126; *Ferran*, Corporate Finance, S. 62-66; *Hennrichs*, DK 2008, 42, 44; 55 *Kummert,* Wash. L. Rev. (1980) 359, 375f. betont die Gläubigerfixierung auf den *Cashlow*; ebs. *Pellens/Jödicke/Schmidt*, DK 2007, 427, 432f.

[120] Die Irrelevanz der Entscheidung zwischen einem Solvenz- und Bilanztest auf vollkommenen Kapitalmärkten wurde in der Theorie von *Modgliani/Miller* nachgewiesen. Sie zeigten, dass bei einem idealen Markt solange Fremdkapital aufgenommen werden könne, wie das Eigenkapital einen positiven Wert aufweist, sodass bilanzielle Überschuldung und Illiquidität zeitgleich eintreten würden, vgl. grdlgd. *Modigliani/Miller*, 48 American Economic Rev. (1959) 261.

[121] Im Folgenden ist zu berücksichtigen, dass ein Bilanztestsystem nicht zwangsläufig ein Mindestkapital vorsehen muss. Die meisten Argumente zur Verteidigung des Mindestkapitals lassen sich generell auf das System des gebundenen Kapitals übertragen, s. *Micheler*, ZGR 2004, 324, 325. S. zum Bedeutungsverlust des Mindestkapitals *Blaurock*, in: FS Raiser, S. 3, 15 mit alternativen Regelungsansätzen; *Eidenmüller/Engert*, GmbHR 2005, 433. *Jungmann* verweist darauf, dass eine bilanzielle Betrachtung im Rahmen der Kapital*aufbringung* weiterhin als Seriositätsschwelle ökonomische Zwecke verfolgen kann, s. *Jungmann*, ZRG 2006, 638, 674f. Die rechtsethische

a) Erhaltung eines Haftungsfonds durch gezeichnetes Kapital

Nach klassischem Verständnis soll den Gläubigern in Höhe des gezeichneten Kapitals ein „Haftungsfonds" als Grundvermögensstock bereitgestellt werden. Die Kapitalerhaltungsregeln sollen insoweit die Kapitalaufbringung ergänzen.[122]

Dem ist jedoch entgegnen zu setzten, dass Einlagen, nachdem sie einmal aufgebracht wurden, unmittelbar investiert und „verbraucht" werden können. Die Nennkapitalziffer gibt somit (genauso wie ein Mindestkapital) keine verlässliche Auskunft über ein „Mindestvermögen" und garantiert in Krisenzeiten keinen Haftungsfonds der Gesellschaft.[123] Ferner fehlt den Gläubigern in der Regel der Einblick in den Umfang und die Risiken der unternehmerischen Tätigkeit, sodass sie allein aus der Nennkapitalziffer keine Rückschlüsse über die Solvenz und Eigenkapitalquote ihres Schuldners ziehen können.[124]

b) Insolvenzprophylaxe

Eng verbunden mit der Theorie des Haftungsfonds ist der Gedanke der Insolvenzprophylaxe durch das Nennkapital.[125] Ausschüttungssperren stellen danach sicher, dass Gesellschafter dem Unternehmen im Vorfeld der Insolvenz nicht die verbleibenden Mittel entziehen. Sofern die Gesellschaft über ein hohes Eigenkapital verfügt, bestehe ein „Verlustpuffer" der das Unternehmen in Zeiten des Missmanagements durch eine Überbrückungsreserve vor der Insolvenz bewahre.[126]

Rechtfertigung des Nennkapitals als Korrelat der Haftungsfreistellung bleibt bei der folgenden Effizienzanalyse außer Betracht, vgl. dazu *Lutter*, Das Kapital, S. 41 sowie grdl. *Flume*, Juristische Person, S. 164; *Baldamus*, Reform, S. 85; *Priester*, ZIP 2005, 921f.

[122] Dieses Argument entstand gerade vor dem Hintergrund eines gesetzlichen Mindestkapitals und hat durch dessen Abschaffung bereits seine meisten Vertreter verloren. Vgl. *Hueck/Windbichler*, GesR, S. 252ff.; *Kleindiek*, ZGR 2006, 335, 339 sowie *Wiedemann*, GesR, Bd. 1, S. 557f. der von einer „Kulturleistung ersten Ranges" spricht. Ebs. *Hamilton*, Corporations, S. 585 zum US-amerikanischen Recht.

[123] *Bauer*, Nennkapitalziffer, S. 212f.; *Enriques/Macey*, 86 Cornell Law Review (2001) 1165, 1188 mwN in Fn. 98, 99; *K.Schmidt*, GesR, S. 522; *Wilhelmi*, Kapitalerhaltung, S. 91f.

[124] *Enriques/Macey*, 86 Cornell Law Review (2001) 1165, 1185; *Naumann*, DK 2007, 422, 426. Zudem verweist *Engert*, ZHR 2006, 296, 312-314 zu Recht auf die Möglichkeit der Verschleierung des Vermögensverfalls, nachdem das Vorsichtsprinzip auch ein „stilles Auflösen" stiller Reserven erlaubt.

[125] *Engert*, ZHR 2006, 296, 301 mit Verweis auf die statistische Erhebung bei *Angele*, Wirtschaft und Statistik, 2001, S. 748, 752, die eine durchschnittliche Insolvenzquote von 4,1 % meldet. Eine weitere Differenzierung nimmt *Lutter* vor, der das abgestufte Warnsystem des gezeichneten Kapitals anhand einer „Ampelfunktion" erläutert, vgl. *Lutter*, AG 1998, 375, 376.

[126] *Bauer*, Gläubigerschutz, S. 115ff.; *Böcking/Dutzi*, DK 2007, 435, 437; *Claussen*, GmbHR 1996, 316, 324; *Heidinger*, DNotZ 2005, 97, 104; *Hirte*, Kapitalgesellschaftsrecht, Rn. 521; *Lutter*, AG 1998, 375; *ders.*, Kapital, S. 50; *Otte*, Kapitalschutzsystem, S. 19f.; *Wiedemann*, GesR, Bd.1, S. 557; *Walter*, AG 1998, 370.

Nachdem jedoch keine Korrelation zwischen dem gezeichneten Nenn- (oder Mindest-)kapital und dem ökonomischen Eigenkapitalbedürfnis des Unternehmens besteht, erweist sich auch diese Annahme als relativ wertlos, da die Folgen des Missmanagements nur im Vergleich zum Geschäftsvolumen bestimmt werden können.[127] Gerade die fehlende Liquidität infolge falscher und kurzsichtiger Finanzierungspolitik lässt sich empirisch als zentrales Insolvenzrisiko nachweisen, das nur selten von einem ausreichenden Eigenkapital abgefangen wird.[128]

c) Finanzielle Signalwirkung des gezeichneten Kapitals

Ein moderner Ansatz spricht dem bilanziellen Nennkapital eine Signalfunktion zu. Durch die Ausweisung eines hohen Nennkapitals könnten Gesellschafter (*Agent*) dem Kapitalmarkt (*Principal*) über ihre Eigenkapitalbeteiligung die persönliche Überzeugung von den Erfolgsaussichten des Geschäftsmodells kommunizieren.[129] Dieses „Insidersignal" an den Markt führe zu einer Reduzierung der Fremdkapitalkosten, da das teure Durchleuchten des Schuldners durch den Kapitalgeber (sog. *screening*) auf diesem Wege eingespart werden könne.[130]

Wenn diese Annahme auch zunächst plausibel erscheint, muss jedoch bedacht werden, dass gerade eine hohe Fremdkapitalquote ein sehr viel deutlicheres Signal an den Markt darstellt: Durch diese wird einerseits deutlich gemacht, dass das Unternehmen das Vertrauen mehrerer Kreditgeber genießt[131] und andererseits der Erfolg des Geschäftsmodells demonstriert, da der Gewinn aus Gesellschaftersicht durch den sog. *Leverage*-Effekt[132] gesteigert werden kann, indem über die Aufnahme zusätzlichen Fremdkapitals die Produktion erweitert wird.

---

[127] S. *Haas*, DStR 2006, 993, 998 der den geringen Spielraum des nationalen Gesetzgebers im „Wettbewerb der Gesellschaftsrechte" konstatiert. S. die empirische Untermauerung anhand des Ratingsystems der Creditreform Rating AG bei *Eidenmüller*, GmbHR 2004, 337, 339f. sowie *Rickford*, EBOR 2006, 135, 141.

[128] S. *Meyer*, Haftungsbeschränkung, S. 1085, 1090-1092; *Richard*, Kapitalschutz, S. 182f. sowie *Schneider*, Rechnungswesen, S. 222-224. Vgl. zur durchschnittlichen Insolvenzquote Fn. 125.

[129] S. *Richard*, Kapitalschutz, S. 180 im Kontext der *Principal/Agent*-Theorie. Vgl. auch *Schön*, DK 2004, 162, 166f.; *ders.*, EBOR 2004, 429, 440. Vgl. grdl. zur *Principal/Agent*-Theorie *Coase*, 3 Journal of Law and Economics (1960) 1ff.

[130] Vgl. *Armour*, EBOR 2006, 5, 15; *Kuhner*, ZGR 2005, 753, 765; *Lutter*, in: Lutter, Kapital in Europa. S. 1, 4f.; *Naumann*, DK 2007, 422, 425; *Schön*, ZGR 2000, 706, 727f.; *ders.*, ZHR 2002, 1, 3, wonach eine Kommunikation der Haftung anderenfalls privatvertraglich erheblichen Transaktionskosten hervorbringe.

[131] *Mülbert/Birke*, 3 EBOR (2002), 695, 727f.; *Ruffner*, Publikumsgesellschaft, S. 145f.

[132] Grdl. zum Leverage-Effekt *Berk/DeMarzo*, Corporate Finance, S. 25f.; *dies.*, The Core, S. 30; *Ross/Waterfield/Jordan*, Corporate Finance, S. 59-62; *Spremann*, Investition, S. 281-283.

Empirisch hängt die Argumentationskraft des Signalarguments im Wesentlichen von der Bewertung der Information „gezeichnetes Kapital“ durch den Markt ab. Insofern gilt erneut zuvor Gesagtes: Die schlichte Angabe der Nennkapitalziffer gibt in der empirischen Forschung keine Auskunft über den Zeitwert des Gesellschaftsvermögens und dient somit nicht zur Einschätzung der Kreditwürdigkeit eines Unternehmens.[133] Dieser Befund wird durch die Äußerungen von Bankvorständen unterstrichen, denen zufolge die Eigenkapitalziffer für die Kreditvergabe allenfalls von marginaler Relevanz ist.[134] Empirisch ist der Signaltheorie außerdem zu entgegnen, dass kleine Kapitalgesellschaften in den seltensten Fällen ein Eigenkapital aufweisen, das signifikant über dem gesetzlichen Minimalbetrag liegt.[135]

d) Anreizsteuerung durch die Eigenkapitalbindung

aa) Schaffung eines Investitionsanreizes durch Kapitalbindung ?

Zunächst wird vorgetragen, dass durch die Kapitalbindung die Rentabilität weiterer Eigenkapitalinvestitionen der Gesellschafter steige, da erst mit einem Überschreiten der Nennkapitalziffer, der volle Gewinn aus der Investition zurückfließt und damit ein Anreiz zur Steigerung der Eigenkapitalquote bestehe.[136] Dieses Argument ist ökonomisch betrachtet ebenso richtig wie nichtssagend, da sich die Investitionen nur deshalb rentabilitätssteigernd auswirken, weil zuvor Kapital unrentabel im Unternehmen gebunden wurde, das die Anteilseigner nicht anderweitig effizient anlegen konnten.

Entgegen dem geschilderten Anreiz, der Gesellschaft frisches Kapital zuzuführen, kann sich die Kapitalbindung aber gerade gegensätzlich auswirken: Sofern die Gesellschafter ihr Eigenkapital verloren glauben und die Hoffnung auf das Geschäftsmodell aufgegeben haben, besteht kein Investitionsanreiz mehr, da sie unterhalb der Nennkapitalziffer von Investitionsgewinnen nicht mehr profitieren. Dies hat zur Folge, dass auch allokationseffiziente Investitionen mit einem positiven Nettoertragswert, die volkswirtschaft-

---

[133] *Armour*, 63 Modern Law Review (2000) 355-378; *Schneider*, Rechnungswesen, S. 221.

[134] Vgl. *Walter*, AG 1998, 370, 371f. Die Irrelevanz der Nennkapitalziffer aus Sicht der Praxis wurde auch von der KMPG-Studie für den europäischen Rechtsraum bestätigt, vgl. KPMG-Studie (Fn. 6), S. 145.

[135] So weisen in Groß-Britannien 85 % der neu gegründeten *Limited* ein *issued share capital* von 100 GBP oder weniger aus, vgl. Dept. of Trade ans Industry, Companies in 2005-2006, S. 17-19, abrufbar unter: http://www.companieshouse.gov.uk/about/miscellaneous/DTIReport20056.pdf. Auch in Deutschland verfügen 75 % aller GmbHen nur über das gesetzliche Mindestkapital, vgl. *Meyer*, Handelsgesellschaften, S. 1069 sowie *Roth*, in: FS Doralt, S. 479, 481.

[136] Vgl. *Bezzenberger*, Kapital, S. 135 sowie *Engert,* ZHR 2006, 296, 303 der sich zwar ausdrücklich auf die unrentable Eigenkapitalbindung bezieht, diese aber scheinbar als ökonomisch erforderlich erachtet.

lich wünschenswert sind, nicht mehr erfolgen, wenn ihre Gewinnspanne das Nennkapital nicht überschreitet.[137]

bb) Steigerung der Sorgfalt im Umgang mit Gläubigermitteln ?

Sehr viel grundlegender setzt ein ähnlicher Argumentationsstrang an: Die strikte Eigenkapitalbindung des bilanziellen Kapitalerhaltungssystems führe dazu, dass den Anteilseignern stets der finanzielle Verlust ihrer Einlage drohe. Da Gesellschafter infolge der persönlichen Risikoaversion[138] mit dem Gesellschaftsvermögen sorgfältiger umgingen, solle hierüber ein Gleichlauf mit den Gläubigerinteressen etabliert werden. Diese Anreizstruktur käme den Gläubigern mithin über eine sorgsamere und risikoärmere Verwaltung des Gesellschaftsvermögens zugute.[139] Nach diesem Ansatz würde mit steigender Kapitalbindung die Gefahr des verantwortungslosen Umgangs mit dem Fremdkapital der Gläubiger linear abnehmen.[140]

Dieser Theorie wird jedoch die gewichtige negative Anreizstruktur der Kapitalbindung entgegengehalten. Sobald Anteilseigner ihr Eigenkapital verloren glauben, neigen sie in ihrer Investitionspolitik zu einer besonders radikalen Risikostruktur (sog. *choice of risk/„gambling for resurrection"*).[141] Sobald sich das Gesellschaftsvermögen unterhalb des gezeichneten Kapitals befindet, profitieren Gesellschafter von Investitionen nur dann, wenn deren Ertrag die Nennkapitalschwelle übersteigt. Hierdurch entsteht in Krisenzeiten ein ökonomischer Anreiz, besonders risikoreiche Projekte mit einer extremen Gewinnmarge und niedriger Erfolgswahrscheinlichkeit zu wählen, die aufgrund ihres negativen Nettoertragswerts volkswirtschaftlich ineffizient sind. Erforderlich ist dabei, dass „die Zahlungscharakteristik dieser Projekte hinreichend asymmetrisch ist"[142]. Das heißt: Im Falle eines positiven Ausgangs dieser riskanten Investitionen fließt den Anteilseignern als alleinig Residualberechtigten ein überproportional hoher

---

[137] *Armour*, EBOR 2006, 5, 16f.; *Marx*, Solvenztest, S. 72f. der in diesem Kontext auf die ökonomische Theorie der Konzernfinanzierung verweist; *Mülbert/Birke*, EBOR 2002, 695, 710, 721f. mwN in Fn. 60, 99.

[138] Vgl. grundlegend zum Phänomen der Risikoaversion natürlicher Personen *Schäfer/Ott*, Ökonomische Analyse, S. 408f.

[139] *Adams*, Eigentum, S. 34-39, der das Eigenkapital mit einem Versicherungsvorbehalt vergleicht und so die Funktion des Eigenkapitals in Relation zum Fremdkapital erläutert. S.a. *Alchian/Demsetz*, 62 Am. Econ. Rev. (1972) 777, 782f.; *Blaurock*, in: FS Raiser, S. 3, 7f.; *Meyer*, Haftungsbeschränkung, S. 955f.; *Engert*, ZHR 2006, 296, 302;. Zu Recht kritisch gegenüber dieser Argumentation *Bauer*, Gläubigerschutz, S. 137f.

[140] S. *Adams*, Eigentum, S. 34ff.; *Roth*, ZGR 1993, 170, 177; *Wilhelmi*, Kapitalerhaltung, S. 86.

[141] Instruktiv *Easterbrook/Fischel*, 52 U. Chi. L. Rev. 89, 104ff. (1985); *Halpern/Trebilcock/Turnbull*, 30 U. Toronto L.J. (1980) 117, 139. Vgl. ebf. *Bauer*, Gläubigerschutz, S. 95; *Kraakman*, EBOR 2006, 465, 468.

[142] Zitiert nach *Kuhner*, ZGR 2005, 753, 769. S. auch *Mülbert/Birke*, EBOR 2002, 695, 710f. mit einem anschaulichen Rechenbeispiel sowie *Pellens/Crasselt/Sellhorn*, zfbf 2007, 264, 269. Vgl. auch die Graphik bei *Bezzenberger*, Kapital, S. 91 zu den Gewinnchancen und Verlustrisiken der Eigenkapitalgeber.

Teil der Gewinne zu. Sofern ein solches Projekt scheitert, tragen ökonomisch betrachtet allein die Gläubiger die Kosten, da das Eigenkapital in Krisenzeiten aus Gesellschafterperspektive ohnehin zunehmend seinen Wert verliert. Dieses sog. Überinvestitionsphänomen wird durch Ausschüttungssperren verschärft.[143]

Wenn dieses Problem auch im Kontext der Argumentation einer positiven Anreizstruktur berücksichtigt werden muss, stellt es sich in dieser Schärfe erst in unmittelbarer Insolvenznähe. Nur wenn eine signifikante Bestandsgefährdung des Unternehmens vorliegt, werden Risikoprojekte mit negativem Kapitalwert attraktiv.[144] Da das Unternehmen in dieser Zeit durch sein operatives Geschäft jedoch kaum umfangreiche Zahlungsüberschüsse erwirtschaften wird, ist der zur Verfügung stehende *Cashflow* ohnehin sehr begrenzt.[145] Gläubigern kann daher in dieser Phase nur noch in begrenztem Umfang Kapital entzogen werden. Eine Fremdfinanzierung solcher Projekte wird in der Regel nicht mehr möglich sein. Schließlich ist zu bedenken, dass hier typischerweise auch schon das Instrumentarium des Insolvenzrechts einen zusätzlichen Schutz etabliert.[146]

e) Zwischenergebnis:

Die Untersuchung der Grundannahmen eines klassischen Bilanztestsystems ergab bis hierhin, dass es sich aus Gläubigersicht aufgrund seines holzschnittartigen Regelungszugriffs als überwiegend ineffizient erweist. Dabei kann weder die Einführung eines generalisierenden Mindestkapitals, noch die Festlegung des Nennkapitals durch die Anteilseigner gewährleisten, dass die erforderliche Relation zwischen den Kapitalbedürfnissen des Unternehmens und der Eigenkapitaldecke besteht.

5. Das Alternativmodell des Solvenztests unter Effizienzgesichtspunkten

Nach der Analyse des Bilanztestsystems soll nun der Solvenztest, der sich an den errechneten Kapitalbedürfnissen des Unternehmens orientiert, untersucht werden.

---

[143] Vgl. *Davies*, EBOR 2006, 301, 306; *ders.*, AG 1998, 346, 349; *Kuhner*, ZGR 2005, 753, 769f.; *Pellens/Sellhorn*, in: Lutter, Kapital in Europa, S. 451, 460. Ebenso bereits *K.Schmidt*, ZIP 1980, 233, 235. Vgl. auch *Veil*, ZGR 2006, 374, 375f. zu demselben Phänomen im Kontext der Insolvenz.

[144] Vgl. *Haas*, Gutachten 66. DJT, S. E 126; *Kuhner*, ZGR 2005, 753, 770; *Mülbert/Birke*, EBOR 2002, 695, 709-713.

[145] *Kuhner*, ZGR 2005, 753, 770: „Drastisch ausgedrückt: Ist der Patient tatsächlich schon so tot, dass seine Angehörigen in Erwägung ziehen, ein Auferstehungsspiel zu inszenieren, dann ist auch nicht gerade zu erwarten, dass durch die körpereigene Energiezufuhr in Form von unternehmensintern generierten, nicht ausschüttbaren *Cashflows* dieses Auferstehungsspiel in seiner Dynamik wesentlich gesteigert wird."

[146] S. *Haas*, Gutachten 66. DJT, S. E 82ff., 126.

a) Die Gesellschafterperspektive: Effizientere Unternehmensfinanzierung

Aus Gesellschaftersicht ist vor allem die Unternehmensfinanzierung von zentraler Bedeutung. Hier gilt die Grundannahme, dass eine optimale Ressourcenallokation nur dann gewährleistet werden kann, wenn jegliche Form des Kapitaltransfers zugelassen wird, sofern sie nicht die Liquidität der Gesellschaft beeinträchtigt.[147] Eine darüber hinausgehende Bindung des Gesellschaftsvermögens ist aus Finanzierungsgründen ineffizient und belastet gerade kleine Unternehmen, die auf eine flexible Eigenkapitalfinanzierung angewiesen sind.[148]

Die Kapitalstruktur eines Unternehmens ermöglicht betriebswirtschaftlich die Ausschüttung des sog. *Free Cashflow*. Hierbei handelt es sich um das Kapital, das nicht zum Betrieb des operativen Geschäfts inklusive der Begleichung von Verbindlichkeiten erforderlich ist.[149] Ob es sinnvoll ist, dieses Kapital auszuschütten, hängt allein davon ab, ob der Überschuss im Unternehmen profitabler angelegt werden kann als außerhalb des Unternehmens durch die Gesellschafter.[150] Sofern eine Gesellschaft damit unterhalb der Nennkapitalziffer keine Gewinne ausschütten darf, obwohl sie keine Anlagemöglichkeit mit einem positiven Nettoertragswert hat, liegt Kapital im Unternehmen brach.[151] Gerade bei umfangreichen Barreserven sind jedoch finanzwirtschaftlich in der Regel Kapitaltransfers geboten, wenn unternehmensintern nur solche Investitionsmöglichkeiten bereit stehen, deren prognostizierter Gewinn unterhalb der Kapitalkosten liegt.[152]

Außerdem können höhere Eigenkapitalrenditen durch die Änderung des Verhältnisses von Eigen- zu Fremdkapital erzielt werden, die insoweit einen weiteren Anstoß zur freien Verfügung über liquide Mittel darstellen.[153] Dieses ergibt sich aus dem bereits

---

[147] Vgl. *Jungmann*, ZGR 2006, 638, 648 mwN auf das finanzökonomische Schrifttum.

[148] S. *Armour*, 63 Modern Law Review (2000) 355ff.; *ders.*, EBOR 2006, 5ff.; *Enriques/Macey*, Cornell Law Review 2001, 1165, 1185ff.; *Kuhner*, ZGR 2005, 753, 769ff.; *Mülbert/Birke*, EBOR 2002, 695ff.

[149] Instruktiv: *Ross/Westerfield/Jordan*, Corporate Finance, S. 35. Vgl. auch *Jungmann*, ZGR 2006, 638, 641 mwN in Fn. 15 sowie *Harris/Raviv*, 45 Journal of Finance (1990) 321-349; *Otte*, Kapitalschutzsystem, S. 18f.

[150] S. *Jensen*, 76 American Economic Review (1986) 323-329.

[151] *Armour*, EBOR 2006, 5, 13; *Druckarczyk/Schüler*, Unternehmensbewertung, S. 145; *Enriques/Macey*, 86 Cornell Law Review (2001), 1165, 1196; *Jungmann*, ZGR 2006, 638, 641. Unverständlich insofern *K.Schmidt*, GmbHR 2007, 1, 4, der dieses Argument unter dem schlichten Verweis auf fehlende empirische Daten verwirft und leichtfertige Behauptung abtut, s. *K.Schmidt*, GmbHR 2007, 1072, 1074.

[152] Vgl. zusammenfassend *Ferran*, Corporate Finance, S. 181-183 sowie *Armour*, 63 Modern Law Review (2000), 355, 367; *Enriques/Macey*, 86 Cornell Law Review (2001) 1165, 1196; *Gower/Davies*, Principles, Rn. 12-1; *Megginson/Smart*, Corporate Finance, S. 377ff.; *Lumby/Jones*, Corporate Finance, S. 392f.

[153] *Engert*, ZHR 2006, 296, 316; *Schön*, ZHR 2002, 1, 2.

erwähnten *Leverage*-Effekt, der die Ausschüttung von Eigenkapital und dessen Substitution durch Fremdkapital erforderlich macht.[154]

Ferner geht man davon aus, dass ein umfangreicher *Free Cashflow* zu unrentablen Investitionen des Managements führt, da die (kostenlose) externe Kontrolle durch Fremdkapitalgeber auf diesem Wege verloren geht und somit der Geschäftsleitung ein größerer Ermessensspielraum gewährt würde.[155]

Nachdem ein Solvenztest situativ auf die Liquidität der Gesellschaft schaut, erlaubt er den Abfluss dieses *Free Cashflow* und überlässt die Investitionsentscheidung damit dem ökonomischen Urteil der Geschäftsleitung.[156] Als wesentlicher Vorzug dieses Tests wird somit finanztheoretisch die Übereinstimmung des wirtschaftlich sinnvollen Ausschüttungsbetrages mit den juristischen Rahmenbedingungen einer Ausschüttungsbegrenzung gelobt.[157]

b) Höheres Gläubigerschutzniveau durch einen Solvenztest ?

Nachdem die Überlegenheit des Solvenztests aus Gesellschaftersicht aufgezeigt wurde, soll er nun in seiner Wirkung auf den Gläubigerschutz analysiert werden. Der Solvenztest bildet die diskontierten Kapitalflüsse während des Prognosezeitraums ab und bündelt diese in einem Finanzplan. Durch diese Planung kann sichergestellt werden, dass dem Unternehmen eine Eigenkapitaldecke erhalten bleibt, die in Relation zum Betriebsvolumen erforderlich erscheint.[158] Indem sich der Solvenztest allein auf den künftigen Kapitalfluss konzentriert, unterliegt er zudem nicht der beschränkten Perspektive des Bilanzrechts und schafft durch die Berücksichtigung bilanziell nicht wirksamer Maßnahmen ein geschlossenes System, das einen umfangreichen Solvenzschutz gewährleistet.[159] Das gebundene Kapital ist dabei oft deutlich höher als ein beliebig

---

[154] S. hierzu bereits oben Fn. 132.

[155] Vgl. *Harris/Raviv*, 45 Journal of Finance (1990) 321-349; *Jensen*, 76 American Economic Review (1986) 323-329. Außerdem wird auf die negative Aussage zu hoher Liquidität über die Finanzierungspolitik des Managements verwiesen, vgl. dazu aktuell die Aussagen von *Küting*, Handelsblatt, 21.08.2008, S. 1, 12.

[156] Vgl. zu den betriebswirtschaftlichen Anforderungen an die Investitionsentscheidung der Geschäftsleitung *Perridon/Steiner*, Finanzwirtschaft, S. 35f., 152-167.

[157] S. *Engert*, ZHR 2006, 297, 318; *Marx*, DZWir 2006, 401, 402; *ders.*, Solvenztest, S. 110ff.; *Triebel/Otte*, ZIP 2006, 311, 313.

[158] S. *Busse v. Colbe*, zfbf 1966, 82, 85-95 im allgemeinen Kontext der Kapitalflussrechnungen; *ders*, in: Jacob, Kapitaldisposition, S. 9, 12f.; *Engert*, ZHR 2006, 296, 318; *Müchler*, Solvenzbericht, S. 162, 192f.; *Rickford*, EBOR 2006, 135, 145.

[159] Vgl. zum Problem bilanziell nicht erfassbarer Maßnahmen und der daraus entstehenden unzureichenden Kapitalisierung im deutschen Recht statt vieler *Veil*, VGR 2006, 103, 106f., 111-113, 118f., der zugleich auf eine elegante Lösung der Unterkapitalisierungsproblematik und des existenzvernichtenden Eingriffs über Solvenzprog-

festgesetzter (und im Falle des Mindestkapitals meist zu niedriger) Nennbetrag im klassischen Kapitalerhaltungsmodell, da er sich an den finanziellen Bedürfnissen während des gesamten Prognosezeitraums orientiert und damit gleichsam eine konstante Kapitalerhaltung voraussetzt.[160]

Zudem gibt der *Cashflow* (anders als die Bilanz) Auskunft über die zu erwartende Geschäftsentwicklung und stellt somit vertraglichen Gläubigern nicht nur eine verlässliche Informationen für die Beurteilung der Solvabilität ihres Schuldners zur Verfügung, sondern garantiert darüber hinaus eine vorausschauende Finanzierungsplanung und damit einhergehend eine Kapitalisierung im Verhältnis zu den prognostizierten Verbindlichkeiten.[161] Demgegenüber bedeutet ein hohes Maß an bilanziellem Eigenkapital nicht notwendigerweise hohe Liquidität, da die Verlustverrechnung mit dem Eigenkapital nur einen formalen Rechenakt darstellt, jedoch keinen Zufluss von Geld erfordert und nichts über liquide Mittel aussagt. Somit besteht auch keine Relation zum Befriedigungsinteresse der Gläubiger.[162] Insofern wird durch einen Solvenztest auch dem Gedanken der Insolvenzprophylaxe Rechnung getragen.

Je früher Ausschüttungssperren greifen, desto effizienter werden Eigenmittel geschützt, die dann als „Risikopuffer" zur Verfügung stehen. Nachdem jedoch allein Solvenztests eine Gewähr für eine Relation zwischen der Eigenkapitalbindung und dem Kapitalbedürfnis der Unternehmung bieten, erweisen sie sich in einer Vielzahl der Fälle als effizienteres Schutzkonzept, da die Ausschüttungssperre durch die Berücksichtigung künftiger Verbindlichkeiten „mit dem Unternehmen wächst".[163] Gerade aus der Sicht verhandlungsschwacher Geschäftspartner und Gläubiger kurzfristiger Forderungen erscheint dieses Modell besonders attraktiv, da sie in der Solvenzprognose voll berücksichtigt werden und durch den Liquiditätsschutz ihren Bedürfnissen umfassend Rechnung getragen wird.

---

nosen verweist. A.A. *Weller*, DStR 2007, 116ff. Im Rahmen internationaler Rechnungslegung entschärft sich das Problem durch deren *Cashflow*-orientierte Zeitwertbetrachtung, s.u. D.I.2.a)bb).

[160] *Engert*, ZHR 2006, 296, 318f.; *Kuhner*, ZGR 2005, 753, 775, 778; *Rickford*, EBOR 2006, 135, 145.

[161] *Jungmann*, ZGR 2006, 638, 675; *Micheler*, ZGR 2004, 324, 342. Hierdurch gibt der Solvenztest zugleich eine Antwort auf das Problem der Unterkapitalisierung. Vgl. zu dieser Problematik die rechtsvergleichenden Ausführungen bei *Immenga*, Kapitalgesellschaft, S. 349-352.

[162] So ganz deutlich *Bauer*, Gläubigerschutz, S. 115f., der unter Verweis auf *Schwantag*, ZfhF 1963, 218, 225f. die geringe Aussagekraft des Eigenkapitals in Bezug auf das Insolvenzrisiko der Gesellschaft herausarbeitet. Ebenso *Vonnemann*, Haftung, S. 35.

[163] Im Ergebnis ebenso *Haas*, Gutachten 66. DJT, S. E 126-130, *Micheler*, ZGR 2004, 324, 343. *Kleindiek*, ZGR 2006, 335, 345. A.A. *Lutter*, in: Lutter, Kapital in Europa, S. 1, 6 jedoch ohne Begründung.

Schließlich werden die zuvor aufgezeigten negativen Anreizstrukturen des Unter- und Überinvestitionsphänomens durch den Solvenztest abgemildert, da eine unrentable Kapitalbindung weitgehend vermieden und der *Free Cashflow* verteilt werden kann.

c) Volkswirtschaftliche Einsparungen der Kapitalerhaltungskosten

Ein weiterer Vorzug des Solvenztests besteht in dem volkswirtschaftlichen Einsparpotenzial der Kosten des Kapitalaufbringungs- und Kapitalerhaltungssystems[164], die – wie sogleich zu zeigen sein wird – nicht notwendigerweise mit identischen Kosten einer ex post-Kontrolle durch die Judikative (ohne die zudem auch das Bilanztestmodell nicht auskommt) einhergehen müssen.

6. Verbleibende Kritik am Solvenztestsystem

Die zentrale Kritik basiert auf der fehlenden Umsetzung eines justiziablen Rahmens und konstatiert die fehlende Rechtssicherheit des Systems.[165] Nach der rechtsvergleichenden Betrachtung des US-amerikanischen Modells, welches den Direktoren sehr weitgehende Einschätzungsspielräume gewährt, kann dem nur zugestimmt werden.

Ausgehend von dem Solvenztest der USA und dessen Konkretisierung durch die Rechtsprechung[166], hat ein Solvenztest einen Prognosezeitraum von drei Jahren zu überbrücken. Hier greift die zweite grundlegende Kritik an: Ein kurzer Prognosezeitraum lässt gerade langfristige Forderungen (wie etwa solche der Arbeitnehmer aus Pensionsrückstellungen) außer Betracht, wenn diese erst nach Ende des Prognosezeitraums fällig und damit zuvor mangels Kapitalflusses nicht abgebildet werden.[167] Während sich Gläubiger langfristiger Forderungen typischerweise vertraglich absichern können, besteht gerade aus der Sicht verhandlungsschwacher Arbeitnehmer ein Schutzdefizit. Insofern stellt sich die Frage, ob der Prognosehorizont erweitert werden sollte

---

[164] Vgl. hierzu *Enriques/Macey*, 86 Cornell L. Rev. (2001) 1165, 1184f.; *Fastrich*, DStR 2006, 656, 657f.; *Haas*, DStR 2006, 993, 996; *Merkt*, ZGR 2004, 305, 311 weist gerade auf die hohen Compliance-Kosten infolge des komplexen deutschen Eigenkapitalersatzrechts; *Mülbert*, DK 2004, 151, 153 sowie *Kuhner*, ZGR 2005, 753, 774 der konkret auf Gerichts-, Gutachter-, Notar- und Rechtsanwaltskosten verweist.

[165] Vgl. *K.Schmidt*, GmbHR 2007, 1, 4; Spindler, EBOR 2006, 339, 341; *Teichmann*, NJW 2006, 2444, 247. So verweist *Veil*, in: Lutter Kapital in Europa, S. 91, 105, 111 zurecht darauf, dass ein Modell US-amerikanischer Prägung in Kontinentaleuropa aufgrund des unsicheren Rahmens durch die Kosten von D&O-Versicherungen unrentabel wäre und in diesem Vergleich das rechtssichere Instrumentarium der Bilanzanalyse vorzugswürdig erscheint. Vgl. hierzu auch *Davies*, AG 1998, 346, 353; *Hommelhoff/Teichmann*, DStrR 2008, 925, 932; *Wilhelmi*, GmbHR 2006, 13, 21; *Schön*, ZHR 2002, 1, 5; *Watrin*, DB 2001, 933, 937.

[166] Vgl. Fn. 77.

[167] *Engert*, ZHR 2006, 296, 323f.; *Veil*, in Lutter, Kapital in Europa, S. 91, 107. *Schön*, EBOR 2006, 181, 189-193 verweist hingegen auf die mangelhafte Abbildung dieser Verbindlichkeiten in deutschen HGB-Bilanzen und das damit verbundene Geschäftsrisiko anhand der Krisen von *AEG* und *GM*.

und ob eine derartige Erweiterung noch hinreichend verlässliche Ergebnisse liefern kann.

Beide Kritikpunkte sollen sogleich im Kontext der Diskussion des Kapitalerhaltungsmodells der SPE aufgegriffen werden.

III. Ergebnis der ökonomischen Analyse

Das Ergebnis der Analyse lässt sich wie folgt zusammenfassen: Nachdem allein der Solvenztest am unternehmerischen Risiko des jeweiligen Unternehmens ausgerichtet ist und eine deutlich flexiblere Finanzierungsstruktur ermöglicht, erweist er sich aus Gesellschaftersicht als attraktiverer Ansatz. Dem ist auch aus der Sicht vertraglicher Gläubiger überwiegend zuzustimmen. Sie finden in der Solvenzprognose volle Berücksichtigung und erhalten zudem durch die Kapitalflussrechnung eine verlässliche Auskunft über das prognostizierte Solvabilitätsrisiko ihres Schuldners.

Getrübt wird dieses positive Bild dadurch, dass ein Solvenztest nach US-amerikanischer Prägung mangels gesetzlicher Vorgaben zur Erstellung der Prognose mit einem relevanten Unsicherheitsfaktor verbunden ist und in Reinform verhandlungsschwache Gläubiger mit langfristigen Verbindlichkeiten, die jenseits des Prognosezeitraums liegen, nicht hinreichend berücksichtigt.

D. Entwicklung eines neuen Kapitalerhaltungssystems für die SPE

Im Anschluss an die abstrakte Analyse beider Ansätze soll nun auf dieser Grundlage ein Kapitalerhaltungssystem für die SPE entwickelt werden.

Bereits vorab steht dabei fest, dass sich ein supranationales Modell an einer möglichst hohen Vergleichbarkeit und Einheitlichkeit des Gläubigerschutzes in den Mitgliedstaaten orientieren sollte, da nur so die beklagten Transaktionskosten des horizontalen Vergleichs unterschiedlicher Rechtsformen abgebaut werden und Gläubiger sich auf einen einheitlichen Schutzstandard verlassen können.[168]

I. Anforderungen an eine Ausschüttungssperre auf europäischer Ebene

1. Ausrichtung der SPE an den ökonomischen Bedürfnissen der KMU

Das erklärte Ziel der SPE besteht in der Befriedigung der Bedürfnisse des Mittelstandes, sodass primär dessen Interessen beachtet werden sollten. Aus unternehmerischer Sicht muss ein Kapitalerhaltungssystem übersichtlich gestaltet, kostengünstig und praktikabel sein und darf dabei keine Haftungsrisiken infolge fehlender Rechtssicherheit aufweisen.[169] Zusätzlich sollte aus Kostengründen ein Kombinationsmodell, welches den Unternehmen mehrere Testverfahren abverlangt, nach Möglichkeit vermieden werden.[170] Ferner wurde bereits auf die unternehmensinterne Finanzierungspolitik verwie-

[168] Dieser Gedanke liegt auch dem aktuellen Entwurf als Leitmotiv zugrunde und folgt dem Ziel der Schaffung eines einheitlichen Binnenmarkts, s. VO-E, S. 13 Abs. 3, 6. Ein Bruch hierzu findet sich allerdings in Art. 25 VO-E der durch den Verweis auf nationales Bilanzrecht eine Rechtszersplitterung zur Folge hat. Vgl. auch *Haas*, in: Hommelhoff/Helms, Neue Wege, S. 159f.; *Lutter*, GmbHR 1999, 432, 433; So auch *Pellens/Sellhorn*, in: Lutter, Kapital in Europa, S. 453, 454-458, 464 zur Rechnungslegung sowie *Freidank/Velte*, Rechnungslegung, S. 802-808. Vgl. zur Bedeutung eines einheitlichen Schutzstandards als wesentlicher Grundlage des Typenzwangs im Gesellschaftsrecht *Schäfer/Ott*, Ökonomische Analyse, S. 664.

[169] Vgl. *Vossius*, EWS 2007, 438, 439. Ebenso *Müller-Conen*, KMU, S. 9 zu den ökonomischen Anforderungen an Kapitalerhaltungsmodelle aus unternehmerischer Sicht.

[170] Ein solches wurde etwa von der Hochrangige Expertengruppe auf dem Gebiet des Gesellschaftsrechts vorgeschlagen, online abrufbar: http://ec.europa.eu/internal_market/company/docs/modern/report_de.pdf, S. 94ff. Sofern in der nationalen Diskussion vorgetragen wird, dass ein Solvenztest faktisch zu einer Doppelbelastung führen würde, da Unternehmen weiterhin zur Erstellung von Bilanzen verpflichtet sind (so etwa *Schildbach*, IRZ 2007, 91, 93), geht dieses Argument am Kern der Problematik vorbei, da allein das angemessene Verfahren zur Bemessung des Ausschüttungsbetrages zur Debatte steht. Der Gegenseite ist insofern zu entgegen, dass das deutsche Insolvenz- und Gesellschaftsrecht natürlich schon jetzt eine laufende Überprüfung der Liquidität von der Geschäftsleitung verlangt, vgl. *Hennrichs*, DK 2008, 42, 44; *K.Schmidt*, in; K.Schmidt/Uhlenbruck, Rn. 686; *Raiser/Veil*, KapG, § 32 Rn. 85; *Veil*, ZGR 2006, 374, 377ff. Das Bereithalten eines Finanzplans wird zudem als integraler Bestandteil eines modernen Controlling angesehen, vgl. *Horváth*, Controlling, S. 440-461; *Pellens/Sellhorn*, in: Lutter, Kapital in Europa, S. 453, 482. A.A. nur *Pentz*, in: Rowedder/Schmidt-Leithoff, GmbHG, § 29, Rn. 33, 37 mwN.

sen.[171] Diesbezüglich sollte das Kapitalerhaltungssystem möglichst gering in die Investitionsentscheidungen der Gesellschafter eingreifen.

2. Akzeptanz des Kapitalerhaltungssystems in den Mitgliedstaaten

Die Machbarkeitsstudie zur Einführung einer SPE von 2005[172] ergab, dass sämtliche Mitgliedstaaten – wenn auch aus unterschiedlichen Motiven[173] – die Einführung einer Europäischen Privatgesellschaft begrüßen.

Damit die SPE-VO die Zustimmung aller Mitgliedstaaten erhält, muss ihr Kapitalschutzsystem die Interessen von Gläubigern und Gesellschaftern austarieren und darf nicht zu sehr von nationalen Faktoren abhängen, da anderenfalls der Wettbewerb der Gesellschaftsrechte lediglich in einem neuen Gewand fortgeführt und die avisierte Schaffung einer einheitlichen Rechtsform unterwandert würde.

a) Das Problem der fehlenden europäischen Rechtsvereinheitlichung

Mangels einer über das Gesellschaftsrecht hinausgehenden Rechtsvereinheitlichung, ist bei der Entwicklung eines neuen Kapitalerhaltungskonzeptes für die SPE zu berücksichtigen, dass die Anforderungen an ein supranationales Kapitalerhaltungssystem über die Anforderungen im nationalen Recht hinausgehen.

aa) Insolvenzrecht

Da die gesellschaftsrechtlichen Schutzmechanismen eines Kapitalerhaltungssystems im nationalen Recht durch das Insolvenzrecht flankiert werden[174], eine das Insolvenzrecht umfassende Vollregelung in der SPE-Verordnung jedoch weder angedacht ist, noch politisch realisierbar erscheint[175], darf eine Neukonzeption nicht auf diese Mechanismen vertrauen und muss diesen Bereich abdecken, wenn ein einheitlicher Schutzstandard etabliert werden soll.[176] Nur wenn eine gesellschaftsrechtliche Regelung somit hinrei-

---

[171] S.o. C.II.5.a).

[172] S. AETS-Machbarkeitsstudie zur Einführung der EPG, abrufbar unter: http://ec.europa.eu/enterprise/entrepreneurship/craft/craft-priorities/doc/de_resume_rapport_final.pdf, S. 6f., 20, 36f.

[173] Eine anschauliche Darstellung der Motive findet sich bei *Müller-Conen*, KMU, S. 116-123.

[174] Statt vieler *Spindler*, JZ 2006, 839ff.; *Röhricht*, ZIP 2005, 505ff.

[175] S. hierzu bereits die Ausführungen in Fn. 42.

[176] Vgl. zur Verweisung auf nationales Recht, VO-E, S. 2. Eine umfassende Darstellung der unterschiedlichen Insolvenzordnungen der Mitgliedstaaten findet sich bei *Jahn/Sahm*, Insolvenzen in Europa, die insb. auf die unterschiedlichen Eröffnungsgründe eingehen. Vgl. auch *Drukarczyk*, WM 1994, 1737 zur Bedeutung des Insolvenzantragsgrundes der Überschuldung als Frühwarnsystem im Gläubigerschutz der deutschen InsO sowie *Haas*, Gutachten 66. DJT, S. E 21.

chenden Gläubigerschutz garantiert, kann vermieden werden, dass die Mitgliedstaaten über die Hintertüre ihres nationalen Insolvenzrechts die Rechtsvereinheitlichung torpedieren.[177]

bb) Bilanzrecht

Auch hinsichtlich des Bilanzrechts gibt es zwar Angleichungstendenzen durch die Bilanzrichtlinien; eine vollständige Vereinheitlichung bleibt jedoch noch aus.[178] Ein einheitliches Kapitalerhaltungssystem müsste aber entweder auf einer gemeinsamen bilanziellen Grundlage oder auf einem einheitlichen Solvenztest basieren.[179]

Letzteres erscheint nur auf den ersten Blick als politisch schwer realisierbar.[180] Ein einheitliches (zukunftsweisendes) Bilanztestmodell könnte nur von einer IFRS-Bilanz getragen werden.[181] Diese ist bereits jetzt gem. Art. 4 IFRS-VO[182] für den Jahresabschluss börsennotierter Kapitalgesellschaften verbindlich und wird nach Einschätzung der Literatur künftig auch für Zwecke der Ausschüttungsbemessung nutzbar gemacht werden.[183] Nachdem eine Bilanzierung nach IFRS aufgrund einer am Zeitwert orientierten Rechnungslegung höhere Gewinne ausweist, entstünde ein massiver Anpassungsdruck der Mitgliedstaaten, das nationale Bilanzrecht auf IFRS umzustellen.[184] Anderenfalls gilt zu befürchten, dass das Phänomen des „Wettbewerbs der Gesellschaftsrechtsordnungen“[185] im Kontext der SPE lediglich zu einen „Wettbewerb der Bilanzrechtsordnungen“ würde.

---

[177] Vgl. zu einer derartigen Tendenz im deutschen Recht *Haas*, in: Hommelhoff/Helms, Neue Wege, S. 160-163; *ders.*, Gutachten 66. DJT, S. E 21; *Kaiser*, EPG und SRL, S.135-140 zur Darstellung dieser Problematik anhand von § 64 GmbHG; *Röhricht*, ZIP 2005, 505, 506; *Teichmann*, NJW 2006, 2444, 2449 sowie EuGH 02.05.2006, Rs C-341/04 (Eurofood IFSC zur gemeinschaftsrechtlichen Rechtfertigung derartiger Regelungen über den *ordre public*.

[178] Vgl. zu einer Analyse der Rechnungslegungsharmonisierung *Pellens*, Internationale Rechnungslegung, S. 385-388, der zu dem Fazit gelangt, dass eine vollständige Vereinheitlichung ökonomisch unsinnig wäre.

[179] S. *Maul/Röhricht*, BB 2008, 1574, 1579. Anders hingegen der Verweis auf nationales Recht in Art. 25 VO-E.

[180] So jedoch ausdrücklich *Rickford*, EBLR 2004, 916, 977 trotz der Hervorhebung der ökonomischen Vorzüge des Solvenztests.

[181] S. *Richard*, Kapitalschutz, S. 171. Die Diskrepanz zwischen nationalem Recht und IFRS lässt sich etwa an der Bilanzierung von Pensionsrückstellungen darstellen, auf die noch einzugehen sein wird. Vgl. die Darstellung anhand eines Rechenmodells bei *Selchert/Erhardt*, Internationale Rechnungslegung, S. 157-164. Vgl. zu den möglichen Vorteilen einer Umstellung auf IFRS für den deutschen Raum *Pellens/Sellhorn*, in: Lutter, Kapital in Europa, S. 453f.; *Wagenhofer*, IFRS, S. 13-16. Grds. kritisch gegenüber einer obligatorischen IFRS-Einführung für den Mittelstand *Kahle/Dahlke*, DStR 2007, 313ff. Vgl. zur Anwendung der IFRS zu Ausschüttungswecken in den Mitgliedstaaten die Übersicht der KPMG-Studie (Fn. 6), S. 319f.

[182] VO (EG) 1606/2002 v. 19.7.2002, ABl. EU L 243, 1.

[183] S. *Kuhner*, ZGR 2005, 753, 755; *Merkt*, ZGR 2004, 305, 307; *ders.*, EBLR 2004, 1045, 1046f.; *Veil*, in: Lutter, Kapital in Europa, S. 91, 92f. A.A. *Ekkenga*, AG 2006, 389, 395-397.

[184] Vgl. zu dieser Problematik im Hinblick auf IFRS-Bilanzen gerade aus steuerrechtlicher Sicht *Kahle/Dahlke*, DStR 2007, 313, 316 sowie zum Gewinnausweis *Heuser/Theile*, IFRS, Rn. 450-452.

[185] Vgl. zu diesem Phänomen *Spindler* JZ 2006, 839.

Allerdings ist bereits im Ausgangspunkt äußerst zweifelhaft, ob die IFRS überhaupt eine hinreichende Grundlage für ein gläubigerschützendes Bilanztestmodell darstellen könnten.[186] Entsprechend der Regelungen im US-amerikanischen Bilanzrecht der US-GAAP sind auch die IFRS[187] an einer möglichst zeitnahen Information über den Wert des Gesellschaftsvermögens orientiert und beinhalten zu einem großen Teil *Cashflow*-Prognosen.[188] Somit werden unrealisierte Gewinne auf der Aktivseite bilanziert und Verbindlichkeiten mit dem aktuellen Marktzins diskontiert.[189] Da ein Bilanztest nach IFRS mithin auf dasselbe Zahlenmaterial wie ein *Cashflow*-basierter Solvenztest zurückgreift, gleichsam aber keine Auskunft über die *durchgängige* Liquidität im Prognosezeitraum trifft, würde seine Aussagekraft (während des Prognosezeitraums) hinter der eines Solvenztests zurückbleiben.[190] Sofern man also den Ansatz der Kapitalflussrechnung als Ausgangspunkt eines Kapitalerhaltungsmodells akzeptiert, erweist sich ein Solvenztest grundsätzlich als das überlegene Rechnungslegungsinstrument.[191]

Schließlich muss die Volatilität von IFRS-Bilanzen berücksichtigt werden. Durch die Ausrichtung am aktuellen Marktwert besteht ein hohes Missbrauchspotential bei einem Bilanztest nach IFRS, da die Geschäftsleitung Ausschüttungen gezielt von einer *hausse* des Marktpreises abhängig machen kann.[192]

---

[186] *Ekkenga*, AG 2006, 389, 391 spricht aufgrund der fehlenden Eignung der IFRS zur Ausschüttungsbemessung und von dem „Schreckbild der Dreifachbilanzierung“, das vermieden werden müsse. Vgl. auch *Naumann*, DK 2007, 422, 423.

[187] S. Rahmenkonzept des IASB, online abrufbar unter: http://europa.eu.int/comm/internal_market/-accounting/docs//ias/200311-comments/ias-200311comments_de.pdf.

[188] Vgl. IAS 7 (insb. 7.5), Kapitalflussrechnungen; SFAS 157.A2, FAS 157.7 sowie *Heuser/Theile*, IFRS, Rn. 13, 483f. zur Bedeutung des Gewinnausweises der sog. *fair value*-Bewertung und der Discounted Cashflow-Verfahren. Ebs. *Richard*, Kapitalschutz, S. 213; *Wagenhofer*, IFRS, S. 471-478.

[189] So sind nach dem Framework der IFRS Vermögenswerte als künftige Nutzenzuflüsse und Schulden als künftige Nutzenabflüsse definiert, vgl. F.49 sowie *Haas*, Gutachten 66. DJT, S. 140f.; *Hennrichs*, DK 2008, 42, 49; *Hüttemann*, BB 2004, 203, 205f.; *Schulze-Osterloh*, ZIP 2003, 93, 99. Besonders kritisch *Engert* ZHR 2006, 296, 311 unter Bezug und die Aktivierungsmöglichkeit von Entwicklungskosten nach IAS 38.51ff. *Wüstemann/Bischof/Kierzek*, BB-Special 5/20007, 13, 16f. weisen auf das Zurückdrängen von Vorsichts- und Objektivierungsprinzip, die Durchbrechung des Realisationsprinzips und die erfolgswirksame Erfassung von Wertänderungen am ruhenden Vermögen als Gründe für eine fehlende Eignung der IFRS hin. A.A: *Rammert*, BFuP 2004, 578, 588.

[190] *Hennrichs*, DK 2008, 42, 50; *Müchler*, Solvenzbericht, S. 139.

[191] *Pellens/Jödicke/Richard*, DB 2005, 1393, 1400 zeigen dementsprechend, dass es sich bei einer bilanziellen Überschuldung nach IFRS allein um eine „Zeitraum-Illiquidität“ handelt, die von Solvenzprognosen voll umfasst wäre.

[192] Auf dieses Problem verweisen *Fuchs/Stibi*, BB 2007, 93, 95 sowie *Rickford*, EBLR 2004, 919, 930ff. Ein rein IFRS-basiertes Bilanztestmodell wird demnach in der Literatur auch nicht vertreten. So verweist der Arbeitskreis „Kapital in Europa“ etwa darauf, dass ein IFRSbasierter Bilanztest stets einen Solvenztest erforderlich mache, vgl. *Lutter*, Kapital in Europa, S. 9, 11. ebenso *Ekkenga*, AG 2006, 389, 395ff.; *Hüttemann*, BB 2004, 203, 205f.; *Kleindiek*, ZGR 2006, 335, 348; *Merschmeyer*, Kapitalschutzfunktion, S. 192. Zudem wurde bereits eingangs auf die Debatte um die Beibehaltung des Bilanztests im US-Recht verwiesen. A.A. nur *Naumann*, DK 2007, 422, 426; *Wüstemann/Bischof/Kierzek*, BB-Beilage 5/2007, 13, 16 die jedoch auch ein Bedürfnis nach möglichen Modifikationen einräumen.

Es sei auch darauf hingewiesen, dass eine obligatorische Umstellung auf IFRS für den Mittelstand wenigstens mit derselben Rechtsunsicherheit verbunden wäre, die dem Solvenztest nachgesagt wird, sodass ein bilanztestbasiertes Kapitalerhaltungsmodell aus Sicht der KMU die Nachteile bündeln würde.[193]

b) Gerichtliche Überprüfbarkeit

Rechtskulturell muss berücksichtigt werden, dass das Gesetz und nicht die individualvertragliche Absicherung Gläubiger in Kontinentaleuropa schützt. Ein Solvenztest in Verbindung mit einer *Business Judgment Rule* würde daher mit der Rechtskultur Europas in Konflikt geraten, sodass er aus Sicht der Mitgliedstaaten nur in Verbindung mit einem justiziablen „Haftungskorsett" durchsetzbar wäre.[194]

3. „Wettbewerb der Gesellschaftsrechte" in Europa

Neben den einzelstaatlichen Anforderungen muss das neue Modell auch die volkswirtschaftlichen Rahmenbedingungen des Binnenmarktes berücksichtigen. Infolge der Rechtsprechung des EuGH zur Niederlassungsfreiheit[195] muss sich dabei jede neue Rechtsform an den Alternativmodellen der Mitgliedstaaten und insbesondere an der englischen *Limited* messen lassen.[196]

Nachdem sich gerade Gründungskosten als ausschlaggebendes Kriterium bei der Rechtsformwahl des Mittelstandes erweisen, ist die (faktische) Abschaffung des Mindestkapitals im aktuellen VO-E vor diesem Hintergrund zu begrüßen.[197] Ferner wird zu Recht darauf verwiesen, dass aufgrund der unterschiedlichen Kaufkraft in den Mitgliedstaaten eine Mindestkapitalziffer keinen geeigneten Vergleichsmaßstab darstellen würde.[198]

---

[193] S. *Kahle/Dahlke*, DStR 2007, 313, 317 die auf die fehlende Kompetenz der Mittelstandsberater hinweisen.

[194] Vgl. zu diesem rechtskulturellen Unterschied aus den USA *Easterbrook/Fischel*, Economic Structure, S. 17-35; *Enriques/Macey*, 86 Cornell L. Rev. (2001) 1165, 1173, 1174ff.

[195] S. EuGH, Rs. C-212/97 (*Centros*), Slg. 1999, I-1459; EuGH, Rs. C-208/00 (*Überseering*), Slg. 2002, I-9919; EuGH, Rs. C-167/01 (*Inspire Art*), Slg. 2003, I-10155. Vgl. zu dem damit verbundenen *„race to the bottom"* im Gesellschaftsrecht der Mitgliedstaaten *Maksimovic*, Kapitalschutz, S. 40f.

[196] Vgl. zu einer Darstellung der Rechtssituation in den anderen Mitgliedstaaten bereits Fn. 38 sowie allgemein *Van Hulle/Gesell*, ECL. Vgl. auch *McCahery*, EBOR 2006, 455, 458f. zu den Folgen im Insolvenzrecht.

[197] Vgl. VO-E, S. 14, Abs. 11. S. a. *Schall*, in: Van Hulle/Gesell, ECL, S. 5-7 zur Auswirkung der Rechtsprechung des EuGH auf das nationale Gesellschaftsrecht sowie speziell zum Mindestkapital *Teichmann*, NJW 2006, 2444, 2449. Für ein Mindestkapital als Seriositätsschwelle *Böcking/Dutzi*, DK 2007, 435, 437; *Drygala*, ZGR 2006, 587, 597ff.; *Jungmann*, ZGR 2006, 638, 674ff.; *K.Schmidt*, GmbHR 2007, 1, 3 der von einer „Schutzgebühr" und „Eintrittskarte" zur Rechtsform der GmbH spricht.

[198] S. *Lanfermann/Richard*, BB 2008, 1610, 1611. Vgl. zum Systemwettbewerb mit der Ltd. *Fleischer*, DStR 2000, 1015, 1016ff.; *Turnbull/Coleman*, in: Van Hulle/Gesell, ECL, S. 363f. Unverständlich daher *Kaiser*, EPG und SRL, S. 44, der der SPE über ein hohes Mindestkapital eine „Qualitätsmarke" verleihen möchte.

4. Internationaler Kontext

Neben dem europäischen Rahmen ist ferner darauf hinzuweisen, dass ein Solvenztestmodell als einheitlicher Standard dem europäischen Mittelstand zugute käme, da gerade amerikanische Investoren auf Vertrautes zurückgreifen und sich an einem einheitlichen Typus orientieren könnten. Somit würde dem nichtbörsennotierten Mittelstand der Zugang zum internationalen Kapitalmarkt erleichtert.[199]

Zudem sollten sich die europäischen Staaten im Bewusstsein der volkswirtschaftlichen Kosten ihres Gesellschaftsrechts für ein modernes Statut entscheiden und die Mehrbelastung der Unternehmen im Vergleich zu den USA ablegen.[200]

5. Zwischenergebnis

Bis hierher kann festgehalten werden, dass sich der Solvenztest sowohl aus ökonomischen Überlegungen als auch aufgrund der supranationalen Anforderungen als vorzugswürdig erweist, sofern seine rechtssichere Umsetzung gelänge.

II. Analyse der Ausschüttungsregelung in Art. 21 VO-E

Nachdem die Anforderungen an ein effizientes Kapitalerhaltungsmodell vorgestellt wurden, zeigt sich, dass die aktuelle Konzeption des Art. 21 VO-E sowohl aus Gesellschafter- wie auch aus Gläubigersicht weitestgehend unzulänglich ist.

In seiner aktuellen Form ermöglicht der obligatorische Bilanztest eine Ausschüttung auch bei einer Unterbilanz und unterläuft damit sämtliche Grundlagen des klassischen Bilanztestsystems[201], da so die Nennkapitalziffer für den Markt zu einer gänzlich irrelevanten Größe verkommt. Durch diese Fehlkonzeption kann zudem der Gläubigerschutz des Art. 24 Abs. 2 VO-E durch eine einfache Ausschüttung umgangen werden. Auch die *fakultative* Einführung des Solvenztests in Art. 21 Abs. 2 VO-E[202] vermag nicht zu überzeugen, da gerade bei zweifelhaften Geschäftsmodellen erwartet werden kann, dass Anteilseigner kein zusätzliches Schutzniveau vorsehen werden. Art. 21 VO-

---

[199] S. *Merkt*, ZGR 2004, 305, 309; *Micheler*, ZGR 2004, 324, 346; *Vossius*, EWS 2007, 438, 439. So weist *Schuster*, AG 1998, 379, 381 auf den (immer noch aktuellen) europäischen Wettbewerbsnachteil hin.

[200] So ganz deutlich *Kübler,* AG 1998, 345; *Rickford*, EBOR 2006, 135, 170f.

[201] Vgl. *Baetge/Kirsch/Thiele*, Bilanzen, S. 99-102; *Pellens/Jödicke/Schmidt*, DK 2007, 427, 429.

[202] Diese zurückhaltende Regelung überrascht anhand der in der Begründung klar zum Ausdruck kommenden Präferenz der Kommission für einen Solvenztest, s. VO-E, S. 8f.

E garantiert den Gläubigern (auch bei hohem Nennkapital) mithin allein, dass die SPE nach der Ausschüttung nicht bilanziell überschuldet ist.

III. Entwicklung eines neuen Kapitalerhaltungssystems für die SPE

1. Ausgangspunkt: Solvenztest

Da die bisherige Betrachtung den Solvenztest als vorzugswürdig auswies, soll nun über einen modernen Regelungszugriff versucht werden, eben diesen in ein justiziables Gewand zu kleiden, um auf diesem Wege seine Flanken zu schließen. Nur so lässt er sich mit der SPE in die europäische Rechtskultur einführen.[203]

2. Umsetzung eines Solvenztest-basierten Kapitalerhaltungssystems

a) Ökonomische Anregungen zur Ausgestaltung eines Solvenztests

Hinsichtlich der konkreten Anforderungen an einen rechtssicheren Solvenztest steckt die betriebswirtschaftliche Forschung noch in den Anfängen.[204] Nachdem die Grundlage des Modells jedoch auf der Errechnung diskontierter Kapitalflüsse beruht, kann auf *Cashflow*-Berechnungen, die etwa der Erstellung eines Finanzplans im Rahmen des § 18 InsO[205] oder einer Unternehmensfortführungsprognose (*going concern*) im Rahmen der Auf- und Feststellung des Jahresabschlusses gem. § 252 Abs. 1 Nr. 2 HGB sowie gem. § 19 Abs. 2 S. 2 InsO[206] zugrunde liegen, zurückgegriffen werden.[207]

Aufbauend auf dem Vorschlag der *Rickford*-Gruppe[208] und im Anschluss an die Konkretisierungen des IDW[209] kristallisiert sich zunehmend eine „herrschende Theoriemeinung" zur Einführung eines zweistufigen finanzplanbasierten Testverfahrens

[203] Auf diesem Wege soll ein neues Modell in die Diskussion eingebracht werden, welches über die bisherigen Vorschläge hinausgeht und damit nicht „alle Schwächen und Inkonsequenzen eines Kompromisses in sich trägt", wie es *Lutter*, in: Lutter, Kapital in Europa, S. 1, 11 für sein Kombinationsmodell konstatiert.

[204] S. *Pellens/Crasselt/Sellhorn*, zfbf 2007, 264, 265.

[205] S. IDW PS 800.12; s.a. *Naumann*, in: FS Baetge, S. 419, 430-433, 435 im Kontext des Solvenztests. Vgl. zu einer Gleichstellung des Tests mit einer Solvenzprüfung *Pellens/Jödicke/Schmidt*, DK 2007, 427, 434f.; Grdl. zur Kapitalflussrechnung *Perridon/Steiner*, Finanzwirtschaft, S. 604-621; *Uhlenbruck*, in: Uhlenbruck, InsO, § 18 Rn. 7-10; MüKoInsO-*Drukarczyk/Schlüter*, § 18 Rn. 13-30.

[206] Statt vieler *Uhlenbruck*, in: Uhlenbruck, InsO, § 19 Rn. 28; MüKoInsO-*Drukarczyk/Schüler*, § 19 Rn. 54.

[207] S. IDW PS 270; *Pellens/Jödicke/Richard*, DB 2005, 1393, 1398-1400 verweisen etwa auf Diskriminanzanalysen, Ratings, den IDW PS 800-Test sowie eine *going concern*-Prognose; s.a. *Pellens/Sellhorn*, in: Lutter, Kapital in Europa, S. 451, 480ff. als resümierende Darstellung anhand eines Solvenztestentwurfs; *Knof*, DStR 2007, 1536, 1541; *Winkeljohann/Geißler*, in: Beck'scher Bilanzkomm., § 252 Rn. 10. S.a. die internationale Prüfungsnorm IAS 570. Zudem verweisen *Pellens/Sellhorn*, in: Lutter, Kapital in Europa, S. 451, 483 auf die Verfahren zur Errechnung der Abfindungszahlungen im Verschmelzungsbericht.

[208] *Rickford*, EBLR 2004, 916, 921.

[209] Vgl. IDW Presseinformation, 8/06, S. 1, abrufbar unter: http://www.idw.de/idw/search/idw.do.

heraus. Hinsichtlich einer ersten kurzen Liquiditätsphase ist eine Detailplanung zu fordern, während die zweite Phase auf einer langfristigen Fortschreibung der zu erwartenden Kapitalflüsse basieren sollte.[210]

Als Grundlage der Solvenzprognose sei ein Finanzplan als zukunftsorientiertes Rechenschaftsinstrument zu erstellen. Hierbei handelt es sich um eine Aufstellung der erwarteten *Cashflow*-Bewegungen.[211] „Rückwärtsgewandte" Buchwerte der Bilanz fließen lediglich als Teil der Prognoserechnung über Regressions- und Zeitreihenanalysen mittelbar in die Betrachtung ein.[212]

aa) Testphase 1: Kurzfristige Liquiditätsprognose

Ein juristisch verlässlicher Liquiditätstest setzt in jedem Fall eine sorgfältige Analyse des erwarteten *Cashflows* voraus.[213] Diese kann gerade für einen überschaubaren Zeitraum nach der Gewinnausschüttung mit hoher Verlässlichkeit erfolgen.

Die Geschäftsleitung darf sich dabei nicht auf die Bilanzanalyse verlassen, sondern hat insbesondere regelmäßig wiederkehrende Verbindlichkeiten, die in der Zukunft anfallen und nicht aus der Bilanz hervorgehen, zu berücksichtigen.[214] Ferner muss gerade der interne Sachverstand der Geschäftsleitung in Bezug auf die erwartete Geschäftsplanung in die Solvenzprognose einfließen, da nur so der problematische Informationsvorsprung des *Insider/Outsider*-Konflikts überwunden werden kann und Gläubigern ein verlässliches Zahlenwerk präsentiert wird.[215] Die Prognose in Phase 1 müsste daher eine detaillierte Aufstellung des erwarteten Zahlungsflusses beinhalten und sollte nur Zahlungen mit einer Eintrittswahrscheinlichkeit um 100 % und solider vertraglicher Grundlage berücksichtigen.[216]

bb) Testphase 2: Langfristige Liquiditätsprognose

Wenn auch grundsätzlich Einigkeit darüber besteht, dass hinsichtlich der zweiten Phase auch Kapitalflüsse mit niedrigerer Eintrittswahrscheinlichkeit als in Phase 1 berücksich-

---

[210] *Richard*, Kapitalschutz, S. 215. Dieses Modell wurde insb. von *Fuchs/Stibi*, BB 2007, 19, 22 weiterentwickelt und auf einen möglichen Solvenztest übertragen.

[211] *Pellens/Sellhorn*, in: Lutter, Kapital in Europa, S. 453, 472; *Schneider*, Rechnungswesen, S. 48, 376.

[212] S. *Böcking/Dutzi*, DK 2007, 435, 438f.; *Moxter*, S. 151-155, *Palmiter*, Corporations, S. 521; *Richard*, Kapitalschutz, S. 212 mwN in Fn. 1295; *Rickford*, EBOR 2005, 135, 176.

[213] *Pellens/Jödicke/Richard*, DB 2005, 1393, 1395, 1400.

[214] S. *Jungmann*, ZGR 2006, 638, 664 mwN in Fn. 115.

[215] S. *Brea-Ley/Myers/Allen*, Corporate Finance, S. 490f.; *Schön*, EBOR 2006, 181, 183; *Veil*, in: Lutter, Kapital in Europa, S. 91, 99.

[216] So im Ergebnis auch *Engert*, ZHR 2006, 296, 326, der mit diesen Gedanken dem Vorschlag von *Pellens/Jödicke/Richard*, DB 2005, 1393, 1400 folgt.

tigt werden dürfen, besteht ein Kernkonflikt in der Bestimmung des konkreten Planungshorizonts, der zwischen 12 Monaten[217] und bis zu 20 Jahren[218] liegen soll.[219] Ein weiterer Ansatz plädiert entgegen starrer Prognosezeiträume für eine Einteilung des Zeitfensters in Abhängigkeit von Produktionszyklen (sog. *cash cycle*[220]) des Unternehmens.[221] Entsprechend obiger Ausführungen ist die Festsetzung des Prognosezeitraums für Gläubiger von zentraler Bedeutung: Nur wenn der Fortbestand der Liquidität für einen hinreichend langen Zeitraum gewährleistet wird, macht die Solvenzprognose die bilanzielle Berücksichtigung langfristiger Verbindlichkeiten überflüssig.[222] Sofern der Solvenztest den Bilanztest vollständig ablösen will, wäre mithin ein ausgedehnter Prognosehorizont zu fordern, der auch langfristige Forderungen abbildet.[223] Da mit der Länge des Prognosezeitraums jedoch auch die Ungenauigkeit der Kalkulation zunimmt[224], muss die betriebswirtschaftliche Forschung ermitteln, welche Aussagekraft langfristigen Prognosen (in Abhängigkeit des jeweiligen Geschäftsfeldes) zukommt.[225]

cc) Verbleibende Unklarheiten

Daneben bleiben weitere ökonomische Fragen unbeantwortet: Zum einen ist unklar, ob außerordentliche Finanzreserven in Form möglicher Kapitalbeschaffung einzubeziehen sind oder der *Cashflow* nur aufgrund des operativen Geschäfts ermittelt werden sollte.[226] Auch die Wahrscheinlichkeitsschwelle für die Einbeziehung künftiger Zahlungs-

---

[217] S. VO-E, Art. 21 Abs. 2 S. 1; *Knof*, DStR 2007, 1580, 1582 ebenso *Müchler*, Solvenzbericht, S. 201 unter Verweis auf eine Festsetzung dieses Zeitraums durch die Praxis.

[218] Vgl. stellvertretend *Veil*, in Lutter, Kapital in Europa, S. 91, 107, der in Bezug auf langfristige Verbindlichkeiten wie Anleihen auf das Bedürfnis nach einer langfristigen Prognose bzw. einer alternativen bilanziellen Berücksichtigung derartiger Forderungen verweist. Für einen weiteren flexiblen Horizont auch *Rickford*, EBOR 2006, 135, 171, 175 der von *„the reasonably foreseeable future“* spricht sowie *Ferran*, Principles, S. 182f. mit einem Hinweis auf die politische Diskussion dieser Problematik vor der Einführung des Solvenztests in Groß-Britannien. Ebenso *Fuchs/Stibi*, BB 2007, 19; *Lanfermann/Richard*, BB 2008, 1610, 1612. Die KPMG-Studie weist insoweit nach, dass in der aktuellen Praxis Europas langfristige Liquiditätsanalysen für einen Zeitraum von bis zu 10 Jahren durchgeführt werden und betont die Möglichkeit langfristige Verbindlichkeiten auch in kurzfristigen Prognosen zu berücksichtigen, s. KPMG-Studie (Fn. 6) S. 407, 409. Ebs. *Heaton*, Journal of Risk Finance 2002, 57, 58f.

[219] Empirische Erhebungen ergaben, dass freiwillige Solvenzprognosen in der Regel einen Planungshorizont von bis zu 5 Jahren aufweisen, vgl. *Fleischer*, Rechnungslegung, S. 219f.

[220] Hierbei handelt es sich um den Zeitraum, zwischen dem Abfluss liquider Mittel zum Erwerb von Rohstoffen bis zum Zufluss von Liquidität durch den Erlös. Der Vorschlag orientiert sich vermutlich an der *going concern*-Prüfung. Hier stecken Produktionszyklen das relevante Zeitfenster ab, s. IDW PS 270.8-9.

[221] *Coyle*, Cashflow, S. 31 so im Ergebnis auch die *Rickford*, EBLR 2004, 916, 979.

[222] *Pellens/Jödicke/Richard*, DB 2005, 1393, 1400; *Jungmann*, ZGR 2006, 638, 660. Daneben verweist *Engert*, ZHR 2006, 296, 322f. auf die zusätzliche Kontrolle durch einen Markttest der Großgläubiger.

[223] So auch *Arnold*, DK 2007, 118, 124; *Hennrichs*, DK 2008, 42, 48; *Schön*, EBOR 2006, 181, 189ff.

[224] Vgl. *Uhlenbruck*, in: Uhlenbruck, InsO, § 18 Rn. 10 mwN.

[225] Skeptisch *Engert*, ZHR 2006, 296, 323; zweifelnd bei einem Prognosezeitraum von mehr als 5 Jahren auch *Lücke*, in: Büschgen, Hdb. Finanzwirtschaft, Rn. 567. A.A. *Pellens/Jödicke/Richard*, DB 2005, 1393, 1399, die auf die verlässlichen Angaben von *going concern*-Prognosen nach IDW PS 270 verweisen, die schon jetzt zuverlässige Ergebnisse bei längeren Zeiträumen liefern. Vgl. zur Problematik der Risikoaversion der Geschäftsleitung bei langfristigen Prognosen *Fleischer*, in: FS Wiedemann, S. 827, 830.

[226] *Hennrichs*, DK 2008, 42, 47; für eine ausschließliche Berücksichtigung des operativen Geschäfts *Rickford*, EBLR 2004, 916, 979.

ströme ist nicht ausreichend beleuchtet. Hierbei handelt es sich neben der Prognosesicherheit langfristiger Betrachtungen um die zentrale wirtschaftspolitische Frage nach der zumutbaren Gläubigerbelastung.[227]

Darüber hinaus muss geklärt werden, ob die Regressions- und Zeitreihenanalysen des Prognoseverfahrens in sog. Sicherheitsäquivalente[228] umgerechnet oder in Szenarienmodellen[229] dargestellt werden sollen. Nachdem Sicherheitsäquivalente sämtliche Erwartungswahrscheinlichkeiten bündeln, weisen sie den Vorzug der Übersichtlichkeit und Verständlichkeit auf.[230] Die Darstellung von Szenarien würde demgegenüber ein breiteres Zahlenwerk und gleichsam Auskunft über sehr positive und sehr negative Einschätzungen liefern. Legislativ könnte insofern in der Anfangsphase an das *worst case scenario*[231] angeknüpft werden, um so einen besonders hohen Gläubigerschutz zu gewährleisten.

Ein weiterer ungeklärter Punkt, der gerade für die Verwendung der SPE als Konzernvehikel relevant ist, besteht in der Frage, ob die Solvenzprognose im Einzelunternehmen[232] oder auf höchster Konzernebene erstellt werden sollte.[233]

dd) Zwischenergebnis

Wenn auch noch viele Fragen einer detaillierten Klärung bedürfen, gehen Ökonomen davon aus, dass die Prognoseschwierigkeiten eines Solvenztests mathematisch be-

---

[227] So schlagen etwa *Fuchs/Stibi*, BB-Special 5/2007, 19, 22 eine imparitätische Betrachtung in Anlehnung an das HGB vor. *Rickford* schlägt hingegen für die Eintrittswahrscheinlichkeit vor, dass Zahlungen erfasst werden, die *„reasonably be expected"* werden können, *Rickford*, EBOR 7 (2006), 135, 175. Vgl. auch *Wüstemann/Bischof/Kierzek*, BB-Beilage 5/2007, 13, 17.

[228] Hierbei handelt es sich im Grunde um eine kumulierte Wahrscheinlichkeitsverteilung möglicher geschäftlicher Entwicklungen. Vgl. hierzu die Vorlage einer Intervallprognoserechnung in Anhang 1.

[229] So verweisen *Pellens/Crasselt/Sellhorn*, zfbf 2007, 264, 273f. zu Recht darauf, dass allein so bei künftigen Ereignissen die nur zwei mögliche Ausgänge haben, die Ausfallwahrscheinlichkeit hinreichend abgebildet werden kann. Vgl. hierzu die Beispielsrechnung in Anhang 2. Die umfangreiche Monte-Carlo-Simulation sowie die CFaR-Berechnungen dürften gerade für den Mittelstand zu aufwendig sein und daher über das Ziel hinausschießen, *ebd.*, S. 276f.; *Hennrichs*, AG 2006, 698, 699, 705f.

[230] *Fuchs/Stibi*, BB-Special 5/2007, 19, 21; *Pellens/Sellhorn*, in: Lutter, Kapital in Europa, S. 453, 464-467.

[231] Hierbei darf nicht nach dem allgemeinen Wortsinn von dem denkbar schlechtesten Fall ausgegangen werden. Vielmehr handelt es sich um den unter normalen Umständen ungünstigeren Fall.

[232] Hierfür treten *Fuchs/Stibi*, BB 2007, 19, 20, 22 mit der gerade aus deutscher Sicht eigenartigen Argumentation an, dass das Gesellschaftsrecht nur Einzelgesellschaften und keine Konzerne kenne [sic] und ein Konzernszenario zu komplex und daher impraktikabel wäre.

[233] So *Naumann*, DK 2007, 422, 426; *Pellen/Sellhorn*, in: Lutter, Kapital in Europa, S. 481; *Veil*, in: Lutter, Kapital in Europa, S. 91, 99. Die Antwort auf diese Frage würde sich insbesondere auf die Zulässigkeit des weit verbreiteten *Cash Pooling* nach der Neuregelung auswirken.

herrschbar sind und verweisen auf Verfahren, in deren Rahmen der nationale Gesetzgeber bereits jetzt auf *Cashflow*-Berechnungen vertraut.[234]

b) Einführung „europäischer Grundsätze ordnungsgemäßer Solvenzprognosen" unter Leitung von „BESS"

aa) Empfohlener Regelungszugriff: Grundsätze der Prognoseerstellung

Die legislative Herausforderung im Zusammenhang mit einer Reform des Kapitalerhaltungssystem besteht in der Umsetzung der ökonomischen Anforderungen an eine verlässliche Solvenzprognose.

Ebenso wie der Rechnungslegungs- und Finanzierungsrechnung liegt auch der Erstellung von Solvenzprognosen ein ökonomisches Verfahren zugrunde. Unter Berücksichtigung dieses betriebswirtschaftlichen Rahmens wurde über den Regelungszugriff der Grundsätze ordnungsgemäßer Buchführung (GoB) bzw. Finanzierungsrechnung (GoF) ein komplexes Normengefüge geschaffen, das sich dynamisch an die wirtschaftlichen Entwicklungen anpassen lässt.[235] Im Folgenden soll dieser Ansatz auf das Kapitalerhaltungsmodell der SPE übertragen und die mögliche Einführung Europäischer Grundsätze ordnungsgemäßer Solvenzprognosen als Rechtsprinzipien dargestellt werden. Hierdurch würde eine Flexibilisierung des Rechts ermöglicht[236] und könnten zugleich aktuelle ökonomische Erkenntnisse zeitnah legislativ umgesetzt werden.

bb) Einführung von BESS zur Entwicklung der Prognosegrundsätze

Die Grundsätze ordnungsgemäßer Solvenzprognosen sollten legislativ hinreichend konkretisiert sein, um dem Rechtsanwender die rechtssichere hermeneutische Auslegung zu ermöglichen und eine Verzerrung des legislativen Gedankens im Wege der Induktion durch eine abweichende Praxis zu vermeiden.[237] Hierzu sollte die Konkretisierung und Vereinheitlichung der Prognosestandards, entsprechend dem institutionellen Rahmen des IASB[238], einem paneuropäischen Expertengremium (*Board of European Solvency Standards*, „*BESS*") übertragen werden. Mithilfe dieses Gremiums und einer dortigen Repräsentanz der Mitgliedstaaten könnten der Sachverstand (und die

---

[234] So im Ergebnis auch *Engert*, ZHR 2006, 296, 333.

[235] S. *Kanitz*, in: Römermann, MAH GmbH, S. 699. Der Gedanke „Grundsätze einer ordnungsgemäßen Solvenzprognose" einzuführen wurde von *Müchler*, Solvenzbericht, S. 218-233 im Insolvenzrecht entwickelt.

[236] S. *Thiel/Lüdtke-Handjery*, Bilanzrecht, Rn. 332-335.

[237] Instruktiv zur Anwendung der GoB und deren Auslegung im dtsch. Recht *Freidank/Velte*, Rechnungslegung, S. 243-247. S.a. *Naumann*, in: FS Baetge, S. 419, 434-437.

[238] S. zum Verfahren *Heuser/Thiele*, IFRS, S. 7-9 sowie *Wagenhofer*, IFRS, S. 58f.

Kosten) gebündelt und über die Vorgabe einheitlicher Bewertungsgrundsätze ein Rechenmodell angefertigt werden, das einen universellen europäischen Prognosestandard gewährleistet. Zudem wäre im Hinblick auf eine effiziente Umsetzung entsprechend der Normsetzungsverfahren von IASB und FASB die Einbeziehung von Vertretern der Normadressaten in die Gremienarbeit zu begrüßen.[239]

Das Gremium ließe sich im Wege des *Lamfalussy*-Verfahrens[240] nahtlos in das europäische Institutionengefüge integrieren[241] und stände zudem im Trend der *Slim*-Initiative[242] der Kommission. So könnte im Rahmen des Komitologieverfahrens[243] gerade der technische Sachverstand bei der Erarbeitung der Detailregelungen einfließen.[244]

Politisch käme eine solche Institution außerdem der Kompromissfindung zugute, da alle Mitgliedstaaten Einfluss auf den europäischen Schutzstandard hätten.

cc) Übertragung der Grundsätze in die SPE-Verordnung

Entgegen bisheriger Ansätze der Literatur sollten die ökonomischen Anforderungen an Solvenztests nicht wortgetreu in geschriebenes Recht transferiert[245] oder über die Konkretisierung von Generalklauseln der Rechtsprechung überlassen werden[246]. Zugleich steht jedoch fest, dass ein rein solvenztestbasiertes Kapitalerhaltungsmodell einer einheitlichen legislativen Grundlage in der SPE-VO bedarf. Es empfiehlt sich daher in einer Relaisnorm (entsprechend § 161 AktG), um die Rahmenbedingungen der Solvenzprognosen festzulegen. Hinsichtlich der konkreten Detailregelungen sollte jedoch auf einen separaten *BESS*-Kodex verwiesen werden. Ein solcher Kodex von Bewertungsregeln, der dem Rechtsanwender klare Vorgaben bei der Prognoseerstellung macht und einen europäischen Standard hinsichtlich des zu berücksichtigenden Zah-

---

239 S. *Küting/Brakensiek*, BB 1999, 678, 680f. zur Öffentlichkeitsbeteiligung bei FASB, DRSC und IASB. Hinsichtlich der Sicherstellung des Sachverstandes sieht die IASC Foundation Constitution, 2005, Rn. 18ff. vor, dass unter den Board-Mitgliedern Wirtschaftprüfer, Finanzanalysten (als Adressaten von Abschlüssen) und Wissenschaftler vertreten sein müssen.

240 Vgl. dazu Möllers, ZEuP 2008, Heft 3 (im Entstehen, online abrufbar unter: http://www.jura.uni-augsburg.de/prof/moellers/materialien/5_kapitalmarktrecht/110_lamfalussy_prozess/lamfalussy_pdfs/Europ__ische_Methoden-_und_Gesetzgebungslehre_im_Kapitalmarktrecht.pdf, S. 5-7. Vgl. statt vieler die Analyse des Verfahrens bei *Schmolke*, NZG 2005, 912, 915-919 sowie grundlegend *Buchmann*, Richtlinien, S. 55-62, 220-223.

241 Vgl. die Darstellung einer möglichen Integration von *BESS* in das *Lamfallussy*-Verfahren in Anhang 3.

242 Initiative „Simpler Legislation for the Internal Market", KOMM (2000) 104, S. 3.

243 Vgl. zu diesem Verfahren gem. Art. 202 Spglstr. 3, Art. 211 Spglstr. 4 EG *Buchmann*, Richtlinien, S. 58.

244 S. *Seitz,* BKR 2002, 340, 341ff.; Schlussbericht des *Ausschusses der Weisen* über die Regulierung der Europäischen Wertpapiermärkte, online abrufbar unter: http://ec.europa.eu/internal_market/securities/docs/lamfalussy/wisemen/final-report-wise-men_de.pdf, S. 10, 26.

245 Diese Regelung favorisierend jedoch *Pellens/Jödicke/Richard*, DB 2005, 1393, 1400.

246 S. *Wüstemann/Bischof/Kierzek*, BB-Beilage 5/2007, 13, 18. Krit. *Manning/Hanks*, Legal Capital, S. 65.

lenmaterials und der Sorgfaltsanforderungen definiert, könnte durch BESS von Ökonomen für Ökonomen erstellt und durch die Ausgliederung aus dem formellen Gesetzgebungsverfahren laufend aktualisiert und weiterentwickelt werden. Hierdurch würde die Flexibilität der Regelung bewahrt, sodass gerade in der Anfangszeit zeitnah auf die ersten Erfahrungen mit dem neuen Modell reagiert werden kann.[247]

c) Der Haftungsmaßstab

Angesichts der Wahl zwischen einer IFRS-Bilanz und einem Solvenztest, die beide prognostische *Cashflow*-Berechnungen beinhalten, stellt sich ganz grundlegend die Frage nach der Prognosehaftung im Gesellschaftsrecht.[248]

Nachdem der Gläubigerschutz aufgrund des Prognosecharakters einer Kapitalflussrechnung wesentlich in die Hände der Geschäftsleitung gelegt wird, sollte eine Haftungsfreistellung, wie sie in den USA über die weite *business judgment rule* erfolgt, vermieden werden. Ein realistisches Haftungsrisiko der Geschäftsleitung ist vielmehr der Garant für die Vermeidung allzu optimistischer Prognosen zulasten der Gläubiger.[249] Über die Befolgung konkreter Prognosestandards und deren Dokumentation in dem vorgeschlagenen System könnte die Nachvollziehbarkeit der Solvenzrechnung gesteigert werden, sodass die Geschäftsleitung kein unkalkulierbares Haftungsrisiko befürchten müsste.[250] Spiegelbildlich sollten Gerichte ökonomische Prognosen im Rahmen dieser Vorgaben respektieren, sofern sie nachvollziehbar dokumentiert und an den Bewertungsgrundsätzen des *BESS*-Kodex ausgerichtet sind.[251]

Zu empfehlen wäre daher ein kombinierter Haftungsmaßstab, der die Sorgfaltspflicht eines ordentlichen Geschäftsleiters mit dem speziellen Sachverstand des Leitungsorgans

---

[247] Dieses Bedürfnis nach einer zeitnahen und praxisorientierten Regelung liegt auch dem DCGK über den Verweis in § 161 AktG zugrunde, vgl. *Ringleb*, in: Ringleb (u.a.), DCGK, Vorbem. Rn. 13, 15, 17, 19.

[248] Vgl. zu dem bisher unbefriedigend gelösten Problem der Prognosehaftung (im Kontext des Kapitalmarktrechts) *Kümpel/Veil*, WpHG, S. 56f., 226 die darauf verweisen, dass man hinsichtlich des Fahrlässigkeitsmaßstabes nicht mehr verlangen kann, als eine Einbeziehung der vorhandenen Informationen und eine Orientierung an dem gesetzlich vorgeschriebenen Prognosegrundsätzen.

[249] Vgl. *Engert*, ZHR 2006, 296, 326; *Jungmann*, ZGR 2006, 638, 670 mwN in Fn. 135 sowie ausführlich *Veil*, in: Lutter, Kapital in Europa, S. 91, 106-110. Ebs. *Kulms*, ZVglRWiss 2003, 273, 286 für die USA. Vgl. zur allgemeinen Haftung der Geschäftsleitung gem. Art. 31 Abs. 4 VO-E, oben B.II.4.b)bb).

[250] *Rickford*, EBOR 2006, 135, 177f. verweist auf die empirische Widerlegung dieser Befürchtung. Zudem ist gerade im Kontext von Ausschüttungen keine besondere unternehmerische Entscheidungsfreudigkeit, sondern vielmehr eine (wenn auch nicht übermäßige) Zurückhaltung geboten.

[251] *Veil*, in: Lutter, Kapital in Europa, S. 91, 10 verweist insofern auf die Gefahr von Rückschaufehlern und die fehlende betriebswirtschaftliche Kompetenz der Gerichte hinsichtlich der Beurteilung ökonomischer Entscheidungen. Vgl. grdl. dazu *Viscusi*, 1 American Law and Economics Review (1999) 26-62.

verbindet, wobei mit *Jungmann* neben der strafrechtlichen Haftung für bewusste Fehlprognosen auch eine zivilrechtliche Fahrlässigkeitshaftung für lediglich mittelbare Gläubigerschädigungen gefordert werden sollte.[252] Dieser Ansatz entspräche auch einer generellen Normgebungstendenz in Europa, die die Haftung der Direktoren betont, zugleich allerdings klare legislative Maßstäbe vorgibt, an denen sich die Geschäftsleitung orientieren kann.[253]

Hinsichtlich der Gesellschafterhaftung sollte zur Bekämpfung des Desinvestitionsanreizes entweder eine verschuldensunabhängige (und daher effizient vollstreckbare) Erstattungspflicht i.S.d. § 30 Abs. 1 GmbHG oder ebenfalls eine verschuldensabhängige Haftung auf das positive Gläubigerinteresse eingeführt werden.[254]

d) Publizität

Hinsichtlich der Publizität sollte allein das Ergebnis der Prognose, nicht aber das zugrunde liegende Datenwerk dem Geschäftsverkehr zugänglich gemacht werden, um einen hinreichenden Schutz der Geschäftsgeheimnisse zu gewährleisten.[255] Zur Reduzierung der Kosten des neuen Modells müsste die vorgeschlagene Präventivkontrolle in Form eines „Audit-Systems“[256] durch die Strafandrohung und eine Dokumentationspflicht der Kodexbefolgung ersetzt werden. Die Verordnung sollte dazu vorsehen, dass Ausschüttungen nur erfolgen dürfen, wenn eine ausführliche Dokumentation der Solvenzprognoserechnung (elektronisch) an *BESS* übermittelt wurde und sodann auf deren Homepage eine Solvenzerklärung des Vorstands veröffentlicht wird. Neben dieser öffentlich zugänglichen Erklärung sollte *BESS* die Daten der Prognoserechnung für eine etwaige ex post-Kontrolle der Ergebnisse durch die Judikative elektronisch speichern.

---

[252] Vgl. *Jungmann*, ZGR 2006, 638, 673 der zu Recht darauf verweist, dass viele Risiken nicht von einer D&O-Versicherung gedeckt werden und somit nicht auf diesem Wege ausgeschaltet werden können. Ebenso *Engert*, ZHR 2006, 296, 331 der zudem eine Ausdehnung der Haftung auf Dritte erwägt. Neben diesen Sanktionen erscheint ein Verbot von Ausschüttungen, die das Nettoaktivvermögen übersteigen nicht erforderlich, da die Gefahr zu optimistischer Prognosen weitestgehend eingedämmt wird. Ein weitergehender Schutzstandard kann den Mitgliedstaaten über die Einführung des Insolvenzgrundes der Überschuldung überlassen werden, vgl. *Jungmann*, ZGR 2006, 638, 658f.

[253] *Pellens/Jödicke/Richard*, DB 2005, 1393, 1401; *Mülbert*, EBOR 2006, 357, 361; *Rickford*, ebd., 135, 176.

[254] Vgl. *Engert*, ZHR 2006, 296, 329 sowie zur Regulierungswirkung des Managermarktes *Enriques/Macey*, 86 Cornell Law Review (2001) 1165, 1171. Die Regelung in Art. 22 VO-E geht insofern nicht weit genug.

[255] So auch VO-E, Art. 21 Abs. 2 S. 3; *Ewert/Wagenhofer*, ZfB 1992, 297-310; *Naumann*, DK 2007, 422.

[256] Vgl. *Pellens/Jödicke/Richard*, DB 2005, 1393, 1401. Überzeugend erscheint dieser Vorschlag von *Veil*, in: Lutter, Kapital in Europa, S. 91, 107f. aufgrund des Betriebsvolumens und der allgemeinen Prüfungspflicht allerdings bei der Aktiengesellschaft. *Rickford*, EBLR 2004, 973-975, 981 weist zudem darauf hin, dass eine Prüfungspflicht in keine dem Staaten, die einen Solvenztest eingeführt haben vorgesehen ist. Zudem weist *Haas*, Gutachten 66. DJT, S. E 137 in diesem Kontext zurecht auf die zusätzlich bestehende ex post-Kontrolle durch das Insolvenzrecht hin

Auf diesem Wege würde den Gerichten ein verlässliches Datenmaterial zur Verfügung gestellt und die Einhaltung des Kodex zusätzlich gefördert.[257]

Trotz der Gefahr einer weiteren Bürokratisierung durch diesen Vorschlag, sei darauf verwiesen, dass in der aktuellen Praxis des Bilanztests, Auszahlungen unterhalb des Jahres aus Kostengründen oft ohne vorherige Bilanzerstellung erfolgen. Gerade in dieser fehlenden Vorab-Kontrolle liegt jedoch ein Hauptgrund der Insolvenzanfälligkeit kleiner Kapitalgesellschaften.[258] Die formelle Dokumentation der Prognoserechnung würde daher eine präventive Kontrollschwelle und eine obligatorische Finanzplanung einführen, die gleichsam ein effizientes „Insolvenz-Frühwarnsystem" darstellen würden.

Aus Beweisgründen würde die einfache Signatur der Geschäftsleitung genügen, sodass gerade kleine Kapitalgesellschaften im Vergleich zur aktuellen Rechtslage nicht mit den Mehrkosten eines Wirtschaftsprüfers belastet würden.[259] Durch die elektronische Übermittlung der Daten an *BESS* wären zudem überschaubare Verwaltungskosten zu erwarten, wobei das Modell zugleich die Entlastung der nationalen Registergerichte zur Folge hätte. Wahlweise könnte sich die Geschäftsleitung natürlich über die Zertifizierung durch einen Wirtschaftsprüfer gerade in Krisenzeiten besonders absichern.[260]

3. Ergänzung des Solvenztests um ein freiwilliges Nennkapital

Diametral zur Herangehensweise in Art. 21 VO-E sollte den Gesellschaftern daneben die statutarische Benennung eines gezeichneten Kapitals freigestellt werden, sofern sie sich hiervon den (zweifelhaften) Signaleffekt versprechen.[261]

4. Verbleibende Schutzdefizite: Ergänzung um einen Bilanztest ?

Den Kritikern des Solvenztestmodells muss zugegeben werden, dass er in seiner Reinform nur einen begrenzten Schutz für Gläubiger langfristiger Forderungen gewährleistet, nachdem langfristige Verbindlichkeiten in kurzfristigen Solvenzprognosen nicht berücksichtigt werden. Wenn auch bei Gläubigern langfristiger Forderungen in der

---

[257] Vgl. zum Kern der Rückschauproblematik bereits Fn. 251. Durch dieses System könnten die Compliance-Kosten der bilanziellen Kapitalerhaltung eingespart werden, vgl. *Mülbert/Birke*, EBOR 2002, 695, 721f

[258] Vgl. zu dieser Problematik und dem Streit, ob tatsächlich eine formelle Bilanz erstellt werden muss, Beck GmbH-HB/*Hense/Gandenberger*, § 8 Rn. 18 sowie *Meyer*, Handelsgesellschaften, S. 1081, 1086, 1093 zusammenfassend zu den empirischen Ergebnissen der Insolvenzen infolge mangelhafter Rechnungslegung.

[259] Vgl. zur Prüfungspflicht „kleiner Kapitalgesellschaften" in Deutschland §§ 316 Abs. 1, 267 Abs. 1 HGB.

[260] So auch *Engert*, ZHR 2006, 296, 327.

[261] So auch *Naumann*, in: FS Baetge, S. 419, 439.

Regel die Annahme der liberalen Vertragstheorie zutreffen wird, wonach diese sich selbst hinreichend gegen einen Forderungsausfall absichern können[262], verbleibt ein Schutzdefizit verhandlungsschwacher Gläubiger. Dieses Schutzdefizit macht sich insbesondere bei den Pensionsverbindlichkeiten der Arbeitnehmer bemerkbar. Sofern *BESS* daher zu dem Ergebnis kommen sollte, dass ein reiner Solvenztest diese Forderungen nicht hinreichend verlässlich abbilden kann, sollten spezielle langfristige Forderungen (insb. Pensionsrückstellungen), die mit Sicherheit eintreten werden, auch in kurzfristigeren Prognosezeiträumen reflektiert werden.[263] Hierdurch würde die befürchtete Doppelbelastung der KMU durch einen zusätzlichen Bilanztest vermieden und gleichzeitig dessen Schutzaspekt in das moderne Solvenztestsystem integriert.

5. Positive Begleiterscheinung für den Binnenmarkt

Neben möglichen Synergieeffekten für KMU im Rahmen der Kreditvergabe nach Basel II[264], könnten die Mitgliedstaaten bei der Umstellung ihres nationalen Bilanzrechts auf den *BESS*-Kodex verweisen. Hierüber böte sich ein kostengünstiges Gläubigerschutzkonzept an, das der zunehmenden Vereinheitlichung im Europäischen Binnenmarkt zugute käme und eine Anpassung an internationale Bilanzierungsstandards beschleunigen würde. Die Mitgliedstaaten könnten sich so ausschließlich auf die steuerrechtlichen Korrekturen bei der Einführung des befreienden Einzelabschluss nach IFRS konzentrieren.[265]

---

[262] Darüber hinaus weist *Engert* zu Recht auf die ausschüttungsbegrenzende Wirkung von Markttests durch Großgläubiger hin, s. *Engert*, ZHR 2006, 296, 322-325. Es handelt sich dabei um die Erkenntnis, dass Großgläubiger regelmäßig über ihren Einblick in die Unternehmensinterna den Weitblick haben, um langfristige Belastungen des Unternehmens abschätzen und über die Vergabe von Fremdkapital regulieren zu können. Nachdem jegliche Besicherung von einem Solvenztest unmittelbar abgebildet wird, besteht keine Missbrauchsgefahr, wie sie bei einer bilanziellen Betrachtung auftreten kann.

[263] Zu denken wäre an eine Abbildung entsprechend der *projected unit credit method* der IFRS, vgl. *Heuser/Theile*, IFRS, Rn. 2420f. So auch *Naumann*, in: FS Baetge, S. 419, 437. A.A. *Fuchs/Stibi*, BB-Special 5/2007, 19, 22 die eine imparitätische Betrachtung von Ein- und Auszahlungen in Anlehnung an das HGB vorschlagen. Die teilweise vorgeschlagene Implementierung einer Mindestkapitalschwelle oder des Vorsichtsprinzips hinsichtlich der Bewertung des Zahlungsflusses sollte hingegen nicht eingeführt werden, da sie zugunsten der Prognoseschärfe gingen und damit den Informationszweck des Solvenztests aus Gläubigersicht trüben würden. Insofern verweist MüKoHGB-*Ballwieser*, § 252 Rn. 13 darauf, dass Solvenzprognosen möglichst realitätsnah erstellt und nicht durch Gläubigerschutzerwägungen verzerrt werden sollten.

[264] So wird zurecht darauf verwiesen, dass ein Solvenztest den Ratings entspricht, die KMU künftig den Banken vorlegen müssen, um über eine geeignete Risikoklasse an günstiges Fremdkapital zu gelangen, vgl. *Ehlers*, NJW 2005, 3256ff.; *Freidank/Velte*, Rechnungslegung, S. 808-810; *Hillmer*, KoR 2007, 490, 494; *Meeh/Sattler*, DStR 2005, 1545, 1546; *Merkt*, ZGR 2004, 305, 308.

[265] Vgl. zur erforderlichen Anpassung des Steuerrechts an eine IFRS-Bilanzierung *Kirsch*, DStR 2006, 1198, 1199ff. sowie *Kölpin*, in: Preißer, Steuerberaterprüfung, S. 205ff., 229 der auf die zentrale Frage nach der Beibehaltung des Maßgeblichkeitsgrundsatzes bei einer Umstellung auf IFRS verweist. Vgl. auch *Kahle*, IRZ 2006, 87, 89f. der auf verfassungsrechtliche Zweifel hinsichtlich der Ermittlung der Steuerlast über eine IFRS-Bilanz aufmerksam macht. Insbesondere fehle dem IASB die demokratische Legitimation.

E. Fazit

Die Untersuchung ergab, dass ein einheitliches und kostengünstiges Kapitalerhaltungsmodell der SPE nur die Wahl zwischen einem IFRS-basierten Bilanztest und einem Solvenztest eröffnet. Vor diesem Hintergrund erwies sich der Solvenztest aus ökonomischen und politischen Gründen als überlegen.

Dem vorgeschlagenen Modell folgend, könnte über die Schaffung des *BESS*-Kodex ein beträchtlicher Qualitätsstandard europäischer Rechnungslegung eingeführt werden, der eine hohe Verlässlichkeit und Professionalität bei der Erstellung der Solvenzprognosen zur Folge hätte. Neben einer transparenten Prognoserechnung würde somit zugleich die befürchtete Rechtunsicherheit, die dem US-amerikanischen Modell anhaftet, reduziert und ein hinreichender Gläubigerschutz gewährleistet, der über den einer IFRS-Bilanz hinausgeht.

Mit der institutionellen Eingliederung von *BESS* in das *Lamfalussy*-Verfahren könnte so ein „*legal transplant*"[266] nahtlos in die Europäische Rechtskultur eingeführt werden, das zudem die Hoffnung weckt, dass die Beteiligung der Mitgliedstaaten in einem paneuropäischen Expertengremium der Hinwendung zu einer international ausgerichteten Rechnungslegung politisch Vorschub leisten würde.

Schließlich könnte durch das vorgeschlagene Solvenztestmodell bei einem überschaubaren Bürokratieaufwand durch die Begründungspflicht eine obligatorische Finanzplanung etabliert werden, die gerade im grenzüberschreitenden Handel der europaweiten Insolvenzprävention zugute käme.

Sollte der europäische Gesetzgeber dem Vorschlag folgen, könnte der neuen Rechtsform durch den institutionellen Rahmen ein Blick in die Zukunft gewährt und damit die Grundlage für ein neues europäisches Erfolgsmodell gelegt werden, das die Dynamik der US-amerikanischen Rechtskultur mit der Rechtssicherheit Kontinentaleuropas verbindet.

---

[266] S. zu dieser Terminologie *Fleischer*, NZG 2004, 1129-1137 im Kontext des Aktienrechts.

F. Anhang

Anhang 1 – Bsp. einer Solvenzrechnung mit Sicherheitsäquivalent

1.		Umsatzeinzahlungen
2.	+	sonstige betriebliche Einzahlungen
3.	-	Materialauszahlungen
4.	-	Personalauszahlungen
5.	-	sonstige betriebliche Auszahlungen
6.	=	*laufender Absatzüberschuss (Pos. 1 – 5)*
7.	+	Einzahlungen aus Dividenden, Beteiligungserträgen und Gewinnabführungen
8.	+	Zinseinzahlungen
9.	-	Zinsauszahlungen
10.	-	Auszahlungen für Dividenden und Gewinnabführungen
11.	=	*Zins- und Dividendenüberschuss (Pos. 7 – 10)*
12.	+	außerordentliche Einzahlungen
13.	-	außerordentliche Auszahlungen
14.	=	*Außerordentlicher Finanzierungsüberschuss (Pos. 12 – 13)*
15.	-	Steuerauszahlungen
16.	=	*Finanzierungsüberschuss vor Investitionen (Pos. 1 – 15)*
17.	-	Investitionsauszahlungen für immat. Vermögensgegenstände und Sachanlagen
18.	-	Investitionsauszahlungen für Finanzanlagen
19.	=	*Finanzierungsüberschuss nach Investitionen (Pos. 16 – 18)*
20.	+	Einzahlungen aus Eigenkapitalaufnahme
21.	-	Einzahlungen aus Fremdkapitalaufnahme
22.	=	*Brutto-Außenfinanzierung (Pos. 20 – 21)*
23.	-	Auszahlungen für Eigenkapitalrückzahlung
24.	-	Auszahlungen für Fremdkapitalrückzahlung
25.	=	*Netto-Außenfinanzierung (Pos. 22 – 24)*
26.	+	Anfangsbestand liquider Mittel
27.	**=**	**Stand der Liquidität (Pos. 19 + 25 + 26)**

Abbildung 1: Beispielsrechnung eines Solvenzberichts auf der Basis von Zahlungsströmen nach *Müchler*, Der Solvenzbericht, S. 194 und *Perridon/Steiner*, Finanzwirtschaft, S. 610.

Anhang 2 – Bsp. einer Solvenzrechnung mit Intervallprognose

Buchungsposition	Prognose für Quartal 1/2009 in TEUR		Prognose für Quartal 2/2009 in TEUR	
	Min.	*Max.*	*Min.*	*Max*
Umsatzeinzahlungen	1169	1270	1217	1336
+ sonstige betriebl. Einzahlungen	29	33	31	38
- Materialauszahlungen	452	418	459	434
- Personalauszahlungen	402	370	408	389
- sonstige betriebl. Auszahlungen	25	18	27	22
= laufender Absatzüberschuss	319	497	354	529
+ Einzahlungen aus Dividenden, Beteiligungerträgen, Gewinnabführung	16	20	18	25
+ Zinseinzahlungen	12	14	14	16
- Zinsauszahlungen	25	21	26	23
- Auszahlungen für Dividenden und Gewinnabführung	./.	./.	./.	./.
= Zins- und Dividendenüberschuss	3	13	6	18
+ außerordentliche Einzahlungen	13	17	11	15
- außerordentliche Auszahlungen	12	9	16	13
= Außerord. Finanzierungsüberschuss	1	8	- 5	2
- Steuerzahlungen	122	118	126	120
= Finanzierungsübers. v. Investitionen	201	400	229	429
- Auszahlungen für immat. VG und SA	142	137	150	142
- Auszahlungen für Finanzanlagen	73	65	84	73
= Finanzierungsübers. n. Investitionen	- 14	198	- 5	214
+ Einz. aus Eigenkapitalaufnahme	./.	./.	./.	./.
- Einz. aus Fremdkapitalaufnahme	32	37	28	41
= Brutto-Außenfinanzierung	32	37	28	41
- Auszahlungen für Eigenkapitalrückl.	./.	./.	./.	./.
- Auszahlungen für Fremdkapitalrückl.	74	56	76	58
= Netto-Außenfinanzierung	- 42	- 19	- 48	- 17
+ Liquiditätsanfangsbestand	32	32	- 24	211
= Stand der Liquidität	**- 24**	**211**	**- 77**	**408**

Abbildung 2: Abbildung unsicherer Erwartungen nach *Müchler*, Der Solvenzbericht, S. 235.

Anhang 3 – „Standard setting“ durch BESS im Lamfalussy-Verfahren

Die **Kommission** entwirft nach umfassenden Konsultationen einen offiziellen **Vorschlag** für eine Verordnung (s. Entwurf für SPE-VO im Anschluss).

Europäisches Parlament ⟺ **Europäischer Rat**

Einigung zwischen Kommission, Rat und Parlament über **grundsätzliche Anforderungen** an Solvenztests in der Verordnung sowie **Definition der Durchführungsbefugnisse** von *BESS* insb. bei nachträglichem Anpassungsbedarf.

Stufe 1: Gesetzgebungsverfahren nach Art. 251 EG.

Das supranationale Expertengremium ***BESS*** **erarbeitet** nach den Vorgaben der Kommission die detaillierte Ausgestaltung der Normen im Wege **Europäischer Standards der Solvenztestprognosen in Kodexform** und konsultiert hierbei **Endnutzer** und **Experten**. Dabei sind klare Anwendungsregeln. Insbesondere sollte ermittelt werden für welchen Zeitraum Solvenzprognosen eine verlässliche Aussage über Kapitalflüsse treffen können.

Die **Kommission prüft** den vorgeschlagenen **Kodex**.

Das Europäische **Parlament prüft** den **endgültigen Entwurf** darauf, ob er den Anforderungen, die auf Stufe 1 formuliert wurden gerecht wird.

Kommission nimmt den Kodex an sofern positives Urteil des Parlaments erging.

Stufe 2: Europäisches Parlament wird fortlaufend unterrichtet. Detailregelung durch BESS.

Das Lamfalussy-Verfahren sieht auf den Stufen 3 und 4 die Effektivierung der **Rechtsdurchsetzung** in den Mitgliedstaaten durch eine **supranationale Zusammenarbeit** und Vernetzung vor. Sofern für die Grundsätze ordnungsgemäßer Solvenztestprognosen, die in Stufe 2 zu erstellen sind noch weitere Umsetzungsratschläge erforderlich sein sollten, würden diese von *BESS* auf Stufe 3 entwickelt. Stufe 4 berücksichtigt vor allem die **Überwachung** der Umsetzung in den Mitgliedstaaten **durch** die **Kommission** vor (s. dazu Art. 47 VO-E).

Sofern die **Nachbesserungs- oder Aktualisierungsbedarf** ergeben sollte, wird dies an *BESS* weitergeleitet. Hierbei kann Stufe 1 übersprungen werden und *BESS* auf **Stufe 2 schnell** auf aktuelle Marktbedürfnisse **reagieren**.

Stufe 3 und 4: Umsetzung des Kodex in den Mitgliedstaaten unter Aufsicht der Kommission.

Anhang 4 – SPE-Verordnungsentwurf, Komm (2008) 396

DE

DE

KOMMISSION DER EUROPÄISCHEN GEMEINSCHAFTEN

Brüssel, den
KOM(2008) 396

2008/xxxx (CNS)

Vorschlag für eine

VERORDNUNG DES RATES

über das Statut der Europäischen Privatgesellschaft

(von der Kommission vorgelegt)

{SEK(2008) 2098}
{SEK(2008) 2099}

BEGRÜNDUNG

1. HINTERGRUND

In der Mitteilung der Kommission zum Binnenmarkt für das Europa des 21. Jahrhunderts[1] wird die Notwendigkeit einer kontinuierlichen Verbesserung der Rahmenbedingungen für Unternehmen im Binnenmarkt hervorgehoben.

Kleine und mittlere Unternehmen (KMU) machen in der Europäischen Union mehr als 99 % der Unternehmen aus, aber lediglich 8 % treiben grenzübergreifend Handel und 5 % verfügen über Tochtergesellschaften oder Gemeinschaftsunternehmen im Ausland. Während es in den letzten Jahren einfacher geworden ist, europaweit Unternehmen zu errichten, muss noch mehr getan werden, um den Zugang der KMU zum Binnenmarkt zu verbessern, ihr Wachstum zu erleichtern und ihr Geschäftspotenzial zu entfalten.

Das Statut der Europäischen Privatgesellschaft („Societas Privata Europaea", nachstehend „SPE") ist Bestandteil eines Maßnahmenpakets zur Unterstützung der KMU, des sogenannten „Small Business Act" für Europa (SBA). Ziel des SBA ist es, die Geschäftstätigkeit der KMU im Binnenmarkt zu erleichtern und folglich ihre Marktleistung zu verbessern. Die SPE ist eine der prioritären Initiativen des Arbeitsprogramms der Kommission für 2008[2].

2. ZIELE DES VORSCHLAGS

Mit der Initiative wird eine neue europäische Rechtsform geschaffen, die die Wettbewerbsfähigkeit der KMU durch Erleichterung ihrer Niederlassung und Tätigkeit im Binnenmarkt erhöhen soll. Gleichzeitig hat das Statut das Potenzial, auch größeren Unternehmen und Gruppen zu Gute zu kommen.

Der Vorschlag für ein Statut der SPE ist auf die spezifischen Bedürfnisse von KMU zugeschnitten. Er gestattet den Unternehmern, in allen Mitgliedstaaten gemäß den gleichen einfachen und flexiblen Gesellschaftsrechtsvorschriften eine SPE zu gründen.

Der Vorschlag zielt auf eine Senkung der Kosten für die Einhaltung von Vorschriften für die Gründung und den Betrieb von Unternehmen ab, die sich aus den Unterschieden zwischen den nationalen Vorschriften für die Gründung und den Betrieb von Unternehmen ergeben.

Der Vorschlag geht nicht auf Fragen im Zusammenhang mit dem Arbeits- oder dem Steuerrecht, der Rechnungslegung oder der Insolvenz der SPE ein. Auch behandelt er nicht die vertraglichen Rechte und Verpflichtungen der SPE oder ihrer Anteilseigner, die über diejenigen hinaus gehen, die sich aus der Satzung der SPE ergeben. Diese Punkte unterliegen weiterhin dem nationalen Recht und gegebenenfalls den vorhandenen Gemeinschaftsinstrumenten.

---

1 Mitteilung der Kommission an den Rat, das Europäische Parlament, den Europäischen Wirtschafts- und Sozialausschuss und den Ausschuss der Regionen: „Ein Binnenmarkt für das Europa des 21. Jahrhunderts" – KOM (2007) 724 vom 20.11.2007.

2 Mitteilung der Kommission an den Rat, das Europäische Parlament, den Europäischen Wirtschafts- und Sozialausschuss und den Ausschuss der Regionen: „Legislativ- und Arbeitsprogramm der Kommission für 2008" - KOM(2007) 640.

Die Wahl der SPE als eine Rechtsform zur Ausübung von Tätigkeiten in der EU sollte aus steuerlicher Sicht neutral sein. Deshalb ist es wichtig sicherzustellen, dass die SPE eine ähnliche Steuerbehandlung wie vergleichbare nationale Rechtsformen erhält. Zu diesem Zweck gedenkt die Europäische Kommission, im Herbst 2008 Gespräche mit den Mitgliedstaaten aufzunehmen, um den Anwendungsbereich der folgenden Richtlinien auf die SPE auszudehnen: Richtlinie über das gemeinsame Steuersystem der Mutter- und Tochtergesellschaften (90/435/EWG)[3], Fusionsrichtlinie (90/434/EWG)[4] und Zinsen- und Lizenzgebührenrichtlinie (2003/49/EG)[5]. Ziel der Kommission ist es sicherzustellen, dass diese Maßnahmen umgesetzt sind und den SPEs von Beginn ihrer Tätigkeit an zu Gute kommen.

3. RECHTSGRUNDLAGE

Der Vorschlag stützt sich auf Artikel 308 EG-Vertrag. Diese Bestimmung schafft die Rechtsgrundlage für EU-Maßnahmen, mit denen eines der Ziele der Gemeinschaft erreicht werden soll, ohne dass im EG-Vertrag eine spezifische Rechtsgrundlage vorgesehen ist. Artikel 308 ist die Rechtsgrundlage für die bereits bestehenden Formen europäischer Gesellschaften, und zwar die Europäische Gesellschaft, die Europäische wirtschaftliche Interessenvereinigung (EWIV) und die Europäische Genossenschaft.

4. SUBSIDIARITÄT UND VERHÄLTNISMÄßIGKEIT

Mit dem Vorschlag soll der Binnenmarkt den KMU zugänglicher gemacht werden, indem ihnen ein Instrument an die Hand gegeben wird, das die Ausweitung ihrer Tätigkeiten auf andere Mitgliedstaaten erleichtert. Dennoch knüpft der Vorschlag die Gründung einer SPE nicht an eine grenzübergreifende Anforderung (z.B. Anteilseigner aus verschiedenen Mitgliedstaaten oder Nachweis einer grenzübergreifenden Tätigkeit). In der Praxis gründen Unternehmer ihr Unternehmen in der Regel im eigenen Mitgliedstaat, bevor sie in anderen Ländern tätig werden. Eine grenzübergreifende Anforderung in der Startphase würde folglich das Potenzial des Instruments mindern. Eine grenzübergreifende Anforderung könnte zudem leicht umgangen werden und ihre Kontrolle und rechtliche Durchsetzung könnte die Mitgliedstaaten ungebührlich belasten.

Deshalb besteht auf EU-Ebene Handlungsbedarf, um es den KMU zu ermöglichen, in der gesamten EU die gleiche Gesellschaftsform zu verwenden. Die Mitgliedstaaten können dieses Ziel einzeln nicht voll verwirklichen. Selbst wenn sich alle Mitgliedstaaten dazu verpflichten würden, ihre Rechtsvorschriften für Unternehmen unternehmerfreundlicher zu gestalten, würden die KMU immer noch mit 27 unterschiedlichen nationalen Regelungen konfrontiert sein.

---

[3] Richtlinie 90/435/EWG des Rates vom 23. Juli 1990 über das gemeinsame Steuersystem der Mutter- und Tochtergesellschaften verschiedener Mitgliedstaaten, ABl. L 225 vom 22.9.1990, S.6.

[4] Richtlinie 90/434/EWG des Rates vom 23. Juli 1990 über das gemeinsame Steuersystem für Fusionen, Spaltungen, die Einbringung von Unternehmensteilen und den Austausch von Anteilen, die Gesellschaften verschiedener Mitgliedstaaten betreffen, ABl. L 225 vom 20.8.1990, S. 1.

[5] Richtlinie 2003/49/EG des Rates vom 3. Juni 2003 über eine gemeinsame Steuerregelung für Zahlungen von Zinsen und Lizenzgebühren zwischen verbundenen Unternehmen verschiedener Mitgliedstaaten, ABl. L 157 vom 26. 6. 2003, S. 49.

Indem den KMU eine Gesellschaftsform angeboten wird, die einheitlich, rechtlich sicher und auch noch flexibel ist, würde die SPE das effizienteste und angemessenste Mittel zur Erreichung dieses Ziels sein. Eine Alternative zur Erreichung desselben Ziels würde in der Harmonisierung zumindest der Kernbestimmungen der nationalen Gesellschaftsrechtsvorschriften für Gesellschaften mit beschränkter Haftung bestehen. Dies würde eine beträchtliche und wahrscheinlich unangemessene Einmischung in das nationale Recht der Mitgliedstaaten darstellen. Im Gegensatz zur Harmonisierung lässt der vorliegende Vorschlag das nationale Recht weitgehend unberührt. Er bietet den KMU eine alternative Form, die parallel zu den nationalen Gesellschaftsformen existieren würde.

Die Schaffung einer neuen europäischen Rechtsform erfordert ein Rechtsinstrument, das unmittelbar anwendbar ist, d.h. eine Verordnung. Weder eine Empfehlung noch eine Richtlinie würden zu einer einheitlichen Regelung führen, die in allen Mitgliedstaaten anwendbar ist.

5. ANHÖRUNG INTERESSIERTER KREISE

Das Statut der Europäischen Privatgesellschaft wurde ursprünglich Anfang der 90er Jahre von der Geschäftswelt und den akademischen Kreisen entwickelt und gewann im Laufe der Zeit die Unterstützung der Industrieverbände und des Europäischen Wirtschafts- und Sozialausschusses[6]. Es zählte auch zu den möglichen Maßnahmen des Aktionsplans zur Modernisierung des Gesellschaftsrechts und Verbesserung der Corporate Governance in der Europäischen Union für die Jahre 2003-2009[7]. Die öffentliche Anhörung im Jahr 2006 zu den künftigen Prioritäten der Kommission in den zuvor genannten Bereichen bekräftigte diese Unterstützung[8].

Im Juni 2006 hielt der Rechtsausschuss des Europäischen Parlaments eine öffentliche Anhörung zur SPE ab und verfasste einen Initiativbericht sowie eine Entschließung, in denen die Europäische Kommission aufgerufen wurde, vor Ende 2007 einen Vorschlag für eine SPE vorzulegen[9]. In einer Entschließung vom 25. Oktober 2007[10] bekräftigte das Parlament erneut seine Unterstützung und klare Verpflichtung im Hinblick auf die Initiative. Angesichts des starken Interesses des Parlaments an diesem Vorschlag sollte es von Anfang an eng in die Arbeiten zur SPE einbezogen werden.

Im Juli 2007 lancierte die Generaldirektion Binnenmarkt und Dienstleistungen eine spezifische öffentliche Anhörung zur SPE. Mittels der Testgruppe europäischer Unternehmen[11] wurde überdies bei Unternehmen in den 27 Mitgliedstaaten eine Erhebung durchgeführt.

---

6 Stellungnahme des Wirtschafts- und Sozialausschusses zum Thema "Ein europäisches Rechtsstatut für KMU", ABl. C 125 vom 27.5.2002, S. 19.

7 KOM(2003) 284.

8 http://ec.europa.eu/internal_market/company/consultation/index_en.htm

9 Bericht des Europäischen Parlaments mit Empfehlungen an die Kommission zum Statut der Europäischen Privatgesellschaft (2006/2013(INI)), A6-0434/2006 endg.

10 Entschließung des Europäischen Parlaments zur 14. Gesellschaftsrechtsrichtlinie und zur Europäischen Privatgesellschaft (B6-0399/07).

11 Anhörung: http://ec.europa.eu/internal_market/company/epc/index_en.htm
EBTP: http://ec.europa.eu/yourvoice/ebtp/consultations/2007_en.htm

Am 10. März 2008 hielt die Kommission eine Konferenz zur SPE ab.

Der Sachverständigenausschuss der Europäischen Kommission zur Corporate Governance und zum Gesellschaftsrecht[12] legte Informationen in Bezug auf die Folgenabschätzung vor und gab Empfehlungen zum Inhalt des SPE-Statuts ab. Diese Gruppe arbeitet auch an der Abfassung von Beispielen für die Bestimmungen der Satzung einer SPE, die das Verständnis des Statutsentwurfs erleichtern soll.

6. FOLGENABSCHÄTZUNG

Neuere Erhebungen[13] und öffentliche Konsultationen zeigen, dass KMU trotz ihres großen Potenzials vor rechtlichen und administrativen Hindernissen stehen, die ihre Entwicklung im Binnenmarkt behindern. Auch wenn alle Unternehmen, die grenzübergreifend tätig werden wollen, auf Rechts- und Verwaltungshindernisse stoßen, sind diese für kleine Unternehmen proportional größer, da sie finanziell und personell schlechter ausgestattet sind.

Die Schwierigkeiten, auf die Unternehmen infolge der Vielfalt von Unternehmensformen stoßen, bestehen vor allem in den *Kosten für die Einhaltung von Vorschriften für die Gründung eines Unternehmens* (z.B. eine obligatorische Mindesteigenkapitalanforderung, Registrierungs- und Notargebühren, Kosten für Rechtsberatung) und in den *Schwierigkeiten und den Kosten für die Einhaltung von Vorschriften für den Betrieb eines Unternehmens*, die den Tagesbetrieb ausländischer Tochtergesellschaften kostenaufwendiger gestalten als den inländischer Tochtergesellschaften.

Die grenzübergreifende Entwicklung von KMU wird auch durch das *mangelnde Vertrauen in bestimmte ausländische Gesellschaftsformen* in anderen Mitgliedstaaten behindert. Dieses Problem besteht vor allem in Bezug auf die weniger bekannten Gesellschaftsformen.

In der Folgenabschätzung werden vier grundlegende politische Optionen geprüft:

– *Verzicht auf Maßnahmen und Rückgriff auf die bestehenden Rechtsvorschriften und die ständige Rechtsprechung:* Trotz der Bemühungen, die Unternehmensgründung in der EU rascher und einfacher zu gestalten, sind die KMU immer noch mit 27 unterschiedlichen Gesellschaftsrechtregelungen konfrontiert.

– *Versuch der Harmonisierung der Gesellschaftsrechtsvorschriften in den Mitgliedstaaten:* Um die Kosten für die Unternehmensgründung und die Tätigkeit von Unternehmen in anderen Mitgliedstaaten erheblich zu senken, wäre ein hoher Grad an Harmonisierung der nationalen Regelungen erforderlich. Die wesentlichen Änderungen der nationalen Rechtsvorschriften, die eine Folge dieses Ansatzes wären, wären jedoch dem Ziel des Vorschlags nicht unbedingt angemessen.

– *Verbesserung des Statuts der Europäischen Gesellschaft (SE) und Anpassung an die Bedürfnisse der KMU:* Ein Zugang der KMU zum Statut der SE würde erhebliche Änderungen erforderlich machen. Diese Option würde eine sorgfältige Neufassung

---

12 http://ec.europa.eu/internal_market/company/advisory/index_en.htm

13 Erhebung der Europäischen Überwachungsstelle für kleine und mittlere Unternehmen (Flash EB Nr. 196) unter Federführung der „Gallup Organisation" Ungarn auf Anfrage der GD Unternehmen und Industrie, Erhebung vorgelegt auf dem KMU-Aktionstag von Business Europe am 21. November 2007. http://www.businesseurope.eu/Content/Default.asp?PageId=496

und Neuaushandlung der SE-Verordnung vor ihrer Bewertung im Jahr 2008/2009 notwendig machen.

– *Vorschlag eines SPE-Statuts für KMU:* Die Schaffung einer neuen europäischen Rechtsform für KMU löst die zuvor genannten Probleme am Besten, indem eine Gesellschaftsform geschaffen wird, die einheitliche Regeln für die Gründung in der gesamten EU festlegt, den internen Aufbau flexibel gestaltet und somit Kosten einspart. Den KMU würde auch ein europäisches Gütezeichen verliehen, was die grenzübergreifende Tätigkeit erleichtern dürfte.

7. ERLÄUTERUNG DES VORSCHLAGS

Kapitel I: Allgemeine Bestimmungen

In den allgemeinen Bestimmungen werden die *Hauptmerkmale der SPE* festgelegt. Die SPE ist eine Gesellschaft mit Rechtspersönlichkeit und sie verfügt über Gesellschaftskapital. Es handelt es sich um eine Gesellschaft mit beschränkter Haftung, d.h. ihre Anteilseigner können nur für den von ihnen gezeichneten Betrag haftbar gemacht werden. Da es sich bei der SPE um eine Privatgesellschaft handelt, können die Anteile an einer SPE weder öffentlich angeboten noch öffentlich gehandelt werden.

Für die *Gründung einer SPE* besteht keine Beschränkung. Sie kann gemäß Artikel 48 EG-Vertrag von einem oder mehreren Gründern, natürlichen Personen und/ oder Unternehmen gegründet werden. Darüber hinaus können sich auch eine Europäische Gesellschaft (SE), eine Europäische Genossenschaft, eine Europäische wirtschaftliche Interessenvereinigung (EWIV) oder eine andere SPE an der Gründung einer SPE beteiligen.

Hinsichtlich des Anwendungsbereichs des Statuts und seiner Verbindung zum nationalen Recht sieht die Verordnung Folgendes vor:

(1) Eine SPE wird in erster Linie durch die direkt anwendbaren obligatorischen Bestimmungen der Verordnung reguliert. Diese Regeln erleichtern die Gründung der SPE und gewährleisten die erforderliche Einheitlichkeit der SPE in der EU.

(2) Der Verordnung zufolge sind eine Reihe von Punkten, insbesondere der interne Aufbau der SPE durch die Satzung zu regeln (Anhang I). Zur Gewährleistung der Flexibilität steht es den Anteilseignern frei, wie sie diese Punkte regeln, sofern lediglich die Bestimmungen dieser Verordnung eingehalten werden.

(3) Für Punkte, die unter das SPE-Statut fallen, ist das nationale Gesellschaftsrecht lediglich in den durch die Verordnung spezifizierten Fällen relevant. Die Bestimmungen, die gemäß Anhang I in die Satzung aufzunehmen sind oder aufgenommen werden können, unterliegen nicht dem nationalen Recht.

Die Bestimmungen der Verordnung und die Liste der in Anhang I genannten Punkte, die von der Satzung abzudecken sind, definieren den Anwendungsbereich der EU-Vorschriften. Der Vorschlag enthält keine Standardbestimmungen, die für den Fall der Nichtabdeckung der in Anhang I genannten Punkte durch die Satzung Anwendung finden würden. Dennoch sind im nationalen Recht die Sanktionen für eine solche Unterlassung oder einen sonstigen Verstoß gegen die Verordnung vorzusehen.

Das nationale Recht regelt all die Fragen, die nicht von der Verordnung oder der Satzung der SPE im Sinne von Anhang I abgedeckt sind. Dies ist z.B. bei nicht in Anhang I genannten Punkten oder in Bereichen der Fall, die außerhalb des Gesellschaftsrechts liegen (wie Arbeits-, Insolvenz- oder Steuerrecht). Das jeweils anwendbare Recht ist das Recht des Mitgliedstaats, in dem die SPE ihren eingetragenen Sitz hat und das auf Gesellschaften mit beschränkter Haftung Anwendung findet. Die Mitgliedstaaten teilen der Kommission die Bezeichnung der jeweiligen Unternehmensform mit.

Kapitel II: Gründung

Die Verordnung sieht keinerlei Beschränkungen der Art und Weise vor, auf die eine SPE gegründet werden kann. Gemäß der Verordnung kann eine SPE *ex nihilo* gegründet werden. Sie kann auch durch Umwandlung, Verschmelzung oder Spaltung bestehender Gesellschaften gegründet werden. Im Sinne der einschlägigen Bestimmungen des nationalen Rechts kann jegliche Gesellschaftsform, die im nationalen Recht besteht (privat oder öffentlich, mit oder ohne Rechtspersönlichkeit), in eine SPE umgewandelt werden. Eine SE oder eine andere SPE können sich ebenfalls an der Gründung einer SPE beteiligen.

Auf den Namen der Europäischen Privatgesellschaft folgt der Zusatz „SPE“. Die SPE ist gehalten, ihren eingetragenen Sitz und Hauptverwaltung oder Hauptniederlassung im Hoheitsgebiet der Mitgliedstaaten zu haben. Gemäß dem Centros-Urteil[14] des Europäischen Gerichtshofs kann eine SPE ihren eingetragenen Sitz und Hauptverwaltung oder Hauptniederlassung in verschiedenen Mitgliedstaaten haben. Die Anteilseigner können auch beschließen, den eingetragenen Sitz des Unternehmens in einen anderen Mitgliedstaat zu verlegen.

Die Verordnung schreibt kein spezielles Registrierungsverfahren für die SPE vor, stützt sich allerdings auf die Bestimmungen der Ersten Gesellschaftsrechtrichtlinie (68/151/EWG) und legt einige Anforderungen fest, mittels derer die Gründung einer SPE einfacher und kostengünstiger werden soll. So muss es zum einen möglich sein, dass eine SPE einen elektronischen Antrag auf Registrierung stellt. Zum anderen enthält die Verordnung eine erschöpfende Liste von Dokumenten und Angaben, die die Mitgliedstaaten für die Registrierung der SPE anfordern können. Änderungen dieser Dokumente und Angaben sind ebenfalls zu registrieren.

Schließlich schreibt der Vorschlag eine einzige Überprüfung der Rechtsgültigkeit vor, und zwar im Rahmen der Registrierung der SPE entweder eine Kontrolle der Rechtsgültigkeit der Dokumente und Angaben durch eine Verwaltungs- oder eine Justizbehörde oder eine notarielle Beglaubigung. Den Gründern der SPE darf nicht vorgeschrieben werden, beide Bedingungen zu erfüllen.

Kapitel III: Anteile

Die Verordnung räumt den Anteilseignern einen großen Spielraum ein, wenn es um Fragen zu den *Anteilen* geht, insbesondere aber in Bezug auf die mit den Anteilen verbundenen Rechte und Verpflichtungen. Eine SPE kann Stammanteile oder Vorzugsanteile ausgeben.

---

[14] Rechtssache C-212/97.

Beschränkungen finden erforderlichenfalls nur im Interesse von Dritten oder Minderheitsanteilseignern Anwendung.

Jeder Anteilsbesitz ist in der *Liste der Anteilseigner* zu registrieren, die vom Leitungsorgan der SPE zu erstellen und zu führen ist. Sofern nicht anders nachgewiesen, dient diese Liste als Nachweis des Anteilsbesitzes. Anteilseigner oder Dritte können diese Liste auf Anfrage einsehen.

Die Bedingungen für die *Übertragung von Anteilen* sind in der Satzung festzulegen. Jede neue Beschränkung oder jedes neue Verbot von Übertragungen erfordert einen qualifizierten Mehrheitsbeschluss (Artikel 27). Zum Schutz der Interessen von Minderheitsanteilseignern macht ein solcher Beschluss die Zustimmung jedes von der Beschränkung oder dem Verbot betroffenen Anteilseigners erforderlich.

Durch die Verordnung erhalten die Anteilseigner nicht das Recht, Minderheitsanteilseigner zu *verdrängen*. Auch sind die Mehrheitsanteilseigner oder die SPE nicht gezwungen, die Anteile der Minderheitsanteilseigner zu übernehmen (*Ausverkaufsrecht*). Derartige Bestimmungen können in die Satzung aufgenommen werden. Allerdings gestattet die Verordnung unter bestimmten Umständen sowohl den Ausschluss oder das Ausscheiden eines Anteilseigners.

Kapitel IV: Kapital

Um Neugründungen zu erleichtern, legt die Verordnung die *Mindestkapital*anforderung auf 1 Euro fest. Der Vorschlag weicht von dem üblichen Ansatz ab, der die Anforderung eines hohen gesetzlichen Mindestkapitals als Mittel des Gläubigerschutzes betrachtet. Aus Studien geht hervor, dass die Gläubiger heutzutage auf andere Gesichtspunkte als das Kapital schauen, wie z.B. den Cashflow, die für die Solvenz relevanter sind. Mitglieder der Unternehmensleitung von kleinen Unternehmen, die gleichzeitig Anteilseigner sind, bieten ihren Gläubigern (z.B. Banken) oftmals persönliche Garantien und Lieferanten verwenden ebenfalls andere Methoden zur Absicherung ihrer Forderungen, z.B. Übertragung des Eigentums von Waren erst bei ihrer Bezahlung. Außerdem haben die Unternehmen je nach ihrer Tätigkeit einen unterschiedlichen Kapitalbedarf und deshalb ist es unmöglich, für alle Unternehmen ein angemessenes Kapital festzulegen. Die Anteilseigner eines Unternehmens sind am Besten platziert, um den Kapitalbedarf für ihre Geschäftstätigkeit zu bestimmen.

Mit der Verordnung wird nicht das Recht der Anteilseigner eingeschränkt, darüber zu befinden, welche Art von *Entgelt* für die Anteile bei der Gründung der SPE oder bei einer Kapitalerhöhung zu leisten ist. Folglich ist in der Satzung festzulegen, ob die Gründer Bar- oder Sacheinlagen zu leisten haben. Es steht ihnen frei, darüber zu entscheiden, welches Eigentum, welche Rechte, Dienstleistungen usw. als Entgelt für die Anteile akzeptiert werden und wann sie zu zahlen oder bereit zu stellen sind. Auch ist in der Satzung festzuschreiben, ob eine Bewertung der Sacheinlage durch einen Sachverständigen zu erfolgen hat oder nicht. Gemäß den nationalen Rechtsvorschriften haften die Anteilseigner für ihr Entgelt.

Die Verordnung enthält einheitliche Regeln für die *Ausschüttungen* (z.B. Dividenden, Kauf von eigenen Anteilen der SPE, Schuldenaufnahme), die in Bezug auf die Vermögenswerte der SPE an die Anteilseigner vorgenommen werden. Eine Ausschüttung kann nur dann vorgenommen werden, wenn die SPE dem Bilanztest genügt, d.h. nach der Ausschüttung decken ihre Vermögenswerte ihre Schulden voll ab. Im Vorschlag wird keine Begriffsbestimmung von "Vermögenswerten" und "Schulden" vorgenommen. Diesbezüglich gelten vielmehr die einschlägigen Rechnungslegungsvorschriften (d.h. Vierte Richtlinie (78/660/EWG) oder Verordnung (EG) Nr. 1606/2002).

Da die Vorbereitung eines Solvenztests für die Ausschüttungen derzeit nur in wenigen Mitgliedstaaten besteht, macht dieser Vorschlag sie für die SPE auch nicht verbindlich. Dennoch gestattet er den Anteilseignern ausdrücklich die Festschreibung eines Solvenztests in der Satzung, und zwar zusätzlich zu dem von der Verordnung geforderten Bilanztest. Wenn die Anteilseigner das Leitungsorgan auffordern, eine Solvenzbescheinigung vor der Ausschüttung zu unterzeichnen, haben sie auch die damit verbundenen Anforderungen zu definieren (z. B. Gründe und Kriterien) und die Bescheinigung ist zu veröffentlichen.

Zum Schutz des Gesellschaftsvermögens kann die SPE dem Vorschlag zufolge unter bestimmten Bedingungen ihre eigenen Anteile erwerben. Vor dem Erwerb ihrer eigenen Anteile muss die SPE einen Bilanztest durchführen sowie einen Solvenztest, sofern dieser in der Satzung vorgeschrieben ist. Die Anteilseigner entscheiden über den Erwerb. Die an die jeweiligen Anteile gebundenen nicht geldlichen Rechte (vor allem Stimm- und Bezugsrechte) werden ausgesetzt. In der Satzung können zusätzliche Bedingungen und weitere Beschränkungen festgelegt werden.

Kapitel V: Aufbau der SPE

Vorbehaltlich der Verordnung haben die Anteilseigner der SPE bei der Festlegung des Aufbaus der SPE einen großen Spielraum. Artikel 27 enthält eine nicht erschöpfende Liste der *von den Anteilseignern zu fassenden Beschlüsse.* Im Sinne von Artikel 27 muss die Satzung die erforderliche Mehrheit und die Beschlussfähigkeit festlegen. Dieser Artikel sieht nämlich vor, dass einige dieser Beschlüsse mit qualifizierter Mehrheit zu fassen sind (d.h. mindestens 2/3 der Stimmrechte der SPE, aber die Satzung kann auch eine größere Mehrheit vorschreiben, z.B. 3/4).

Es besteht keine Pflicht, dass die Anteilseigner auf Hauptversammlungen physisch anwesend sein müssen. In der Satzung ist jedoch die Beschlussfassungsmethode der Anteilseigner festzulegen. Hinsichtlich der Geschäftstätigkeit der SPE haben die Anteilseigner große Informationsrechte. Ihr Recht auf kollektive Beschlüsse unterliegt dem nationalen Recht.

Die Verordnung sieht zwei spezifische Minderheitsrechte für die Anteilseigner vor: das Recht auf Fassung von Beschlüssen der Anteilseigner und das Recht auf Bestellung eines unabhängigen Sachverständigen (insbesondere eines unabhängigen Wirtschaftsprüfers) durch das zuständige Gericht bzw. die zuständige Verwaltungsbehörde.

Sämtliche nicht in der Verordnung oder in der Satzung genannten Beschlüsse fallen in die Zuständigkeit des *Leitungsorgans* der SPE, das für die Geschäftsführung zuständig ist. Die Satzung legt die Managementstruktur der SPE fest (ein oder mehrere Mitglieder der Unternehmensleitung, monistisches oder dualistisches System). Wird in der SPE jedoch Arbeitnehmermitbestimmung praktiziert, muss die gewählte Managementstruktur die Ausübung dieses Rechts ermöglichen.

Die Anteilseigner der SPE entscheiden über die Ernennung und Entlassung von Mitgliedern der Unternehmensleitung. In der Satzung sind die Laufzeit der Mandate der Mitglieder der Unternehmensleitung und etwaige Auswahlkriterien festzulegen. Die Verordnung untersagt jedem, der in einem Mitgliedstaat für die Ausübung der Aufgabe eines Mitglieds der

Unternehmensleitung als ungeeignet erklärt wurde, als Mitglied der Unternehmensleitung einer SPE tätig zu werden.

Die Verordnung schreibt den Mitgliedern der Unternehmensleitung vor, im bestmöglichen Interesse des Unternehmens zu handeln. Folglich stehen die *Mitglieder der Unternehmensleitung der SPE gegenüber in der Pflicht* und ihre Verpflichtungen können nur seitens des Unternehmens rechtlich durchgesetzt werden. Die Verordnung verleiht einzelnen Anteilseignern oder Gläubigern nicht das Recht, die Mitglieder des Leitungsorgans direkt zu verklagen.

Indem von den Mitgliedern der Unternehmensleitung verlangt wird, mit der Sorgfalt und der Eignung, die vernünftigerweise für die Ausübung der Tätigkeit gefordert werden können, zu handeln, schreibt die Verordnung eine allgemeine Sorgfaltspflicht vor. Die nationalen Gerichte können diese Bestimmung interpretieren. Während in der Verordnung auch die wichtigsten spezifischen Pflichten der Mitglieder der Unternehmensleitung (z.B. Vorschlag von Ausschüttungen) vorgeschrieben werden, können in der Satzung noch weitere Pflichten verankert werden. Die Mitglieder der Unternehmensleitung sind gehalten, jeglichen aktuellen oder potenziellen Interessenkonflikt zu vermeiden. In der Satzung können jedoch Situationen vorgesehen werden, in denen derartige Konflikte zulässig sind.

Die Verordnung sieht die *Haftung der Mitglieder der Unternehmensleitung* für jeglichen Verlust oder Schaden vor, den eine SPE aufgrund der Nichterfüllung ihrer Verpflichtungen erleidet, die in der Verordnung, der Satzung oder in einem Beschluss der Anteilseigner festgeschrieben sind. Andere Aspekte der Haftung, z. B. die Folgen der Nichterfüllung der Pflichten oder ein jegliches Urteil über das Geschäftsgebaren, unterliegen dem nationalen Recht.

Kapitel VI: Arbeitnehmermitbestimmung

Die Arbeitnehmermitbestimmung in kleinen Unternehmen besteht in nur wenigen Mitgliedstaaten (z.B. Schweden und Dänemark).

Generell gilt das aus der Richtlinie über die Verschmelzung von Kapitalgesellschaften (2005/56/EG) herrührende Prinzip, dass die SPE den Arbeitnehmermitbestimmungsregeln des Mitgliedstaats unterliegt, in dem sie ihren eingetragenen Sitz hat. Diesbezüglich wird die SPE also ebenso attraktiv sein wie vergleichbare inländische Unternehmen.

Grenzübergreifende Fusionen mit SPEs fallen unter die zuvor genannte Richtlinie. Im Falle der Verlegung des eingetragenen Sitzes einer SPE sind jedoch spezielle Bestimmungen erforderlich.

Kapitel VII: Verlegung des eingetragenen Sitzes der SPE

Unter Wahrung ihrer Rechtspersönlichkeit und ohne Zwang zu einer Auflösung der Gesellschaft kann eine SPE ihren eingetragenen Sitz in einen anderen Mitgliedstaat verlegen. Zum Schutz der Interessen Dritter gestattet die Verordnung keine Verlegung des eingetragenen Sitzes einer SPE während einer Auflösung, einer Liquidation oder ähnlichen Verfahren.

Das Verlegungsverfahren richtet sich nach den Bestimmungen für die Verlegung des eingetragenen Sitzes der SE-Verordnung.

Die Verordnung sieht eine besondere Regelung für den Fall vor, in dem eine SPE, die die Arbeitnehmermitbestimmung praktiziert, ihren eingetragenen Sitz in einen anderen Mitgliedstaat verlegt, in dem keine Arbeitnehmermitbestimmung existiert oder nur ein niedrigeres Niveau an Arbeitnehmermitbestimmungsrechten vorhanden ist oder in dem nicht vorgesehen ist, dass Arbeitnehmer von Niederlassungen einer SPE in anderen Mitgliedstaaten das gleiche Recht auf Ausübung dieser Arbeitnehmermitbestimmungsrechte wie vor der Sitzverlegung haben. In solchen Fällen, in denen mindestens ein Drittel der SPE-Arbeitnehmer im Herkunftsmitgliedstaat beschäftigt sind, müssen Verhandlungen zwischen dem Leitungsorgan und den Arbeitnehmervertretern stattfinden, um eine Vereinbarung über die Mitbestimmung der Arbeitnehmer zu erzielen. Sollte keine Einigung erzielt werden, werden die Vereinbarungen über die Mitbestimmung im Herkunftsmitgliedstaat beibehalten.

Kapitel VIII: Umstrukturierung, Auflösung und Ungültigkeit

Der Verordnung zufolge unterliegt die Auflösung oder die Umwandlung einer SPE in eine nationale Gesellschaftsform dem nationalen Recht. Zudem kann die SPE mit anderen Unternehmen verschmelzen oder aufgespalten werden. Diese Verfahren haben gemäß den für Gesellschaften mit beschränkter Haftung geltenden Regeln zu erfolgen.

Kapitel IX: Zusätzliche Bestimmungen und Übergangsbestimmungen

Artikel 42 gestattet den SPE, die in einem Mitgliedstaat außerhalb der Eurozone registriert sind, ihr Kapital und ihre Abschlüsse in der nationalen Währung dieses Mitgliedstaats offen zu legen. Dennoch kann eine solche SPE ihr Kapital und/ oder ihre Abschlüsse auch in Euro offen legen.

Kapitel X: Schlussbestimmungen

Die Verordnung schreibt die Annahme bestimmter Vorschriften durch die Mitgliedstaaten vor. So sind insbesondere die Verfahrensvorschriften für die Registrierung, die Verlegung des eingetragenen Sitzes der SPE und Sanktionen für den Verstoß gegen die Verordnung und die Satzung zu verabschieden.

2008/xxxx (CNS)

Vorschlag für eine

VERORDNUNG DES RATES

über das Statut der Europäischen Privatgesellschaft

(Text von Bedeutung für den EWR)

DER RAT DER EUROPÄISCHEN UNION -

gestützt auf den Vertrag zur Gründung der Europäischen Gemeinschaft, insbesondere auf Artikel 308,

auf Vorschlag der Kommission[15],

nach Stellungnahme des Europäischen Parlaments[16],

nach Stellungnahme des Europäischen Wirtschafts- und Sozialausschusses[17],

in Erwägung nachstehender Gründe:

(1) Die rechtlichen Rahmenbedingungen für Unternehmen in der Gemeinschaft sind nach wie vor weitgehend innerstaatlich bestimmt. Die Unternehmen sehen sich dadurch einer Vielzahl nationaler Rechtsvorschriften, Gesellschaftsformen und Unternehmensverfassungen gegenüber. Einige dieser Schwierigkeiten lassen sich durch eine Angleichung der nationalen Rechtsvorschriften durch Richtlinien nach Artikel 44 EG-Vertrag beseitigen. Eine solche Angleichung enthebt die Unternehmensgründer allerdings nicht der Pflicht, bei jeder Gründung eine Gesellschaftsform nach dem Recht des betreffenden Mitgliedstaats zu wählen.

(2) Die derzeitigen Gesellschaftsformen nach europäischem Recht, insbesondere die Europäische Gesellschaft (SE), die durch die Verordnung (EG) Nr. 2157/2001 des Rates vom 8. Oktober 2001 über das Statut der Europäischen Gesellschaft[18] geschaffen wurde, sind auf große Unternehmen zugeschnitten. Aufgrund der Mindestkapitalanforderungen für eine Europäische Gesellschaft und der Einschränkungen für ihre Gründung ist diese Form von Gesellschaft für viele Unternehmen, insbesondere für Kleinunternehmen, nicht geeignet. Angesichts der Probleme, die diesen Unternehmen aus der Vielzahl unterschiedlicher gesellschaftsrechtlicher Regelungen und der mangelnden Eignung der SE für kleine Unternehmen erwachsen, sollte eine speziell auf Kleinunternehmen zugeschnittene

---

15 ABl. C [...] vom [...], S. [...].
16 ABl. C [...] vom [...], S. [...].
17 ABl. C [...] vom [...], S. [...].
18 ABl. L 294 vom 10.11.2001, S. 1. Zuletzt geändert durch die Verordnung (EG) Nr. 1791/2006 (ABl. L 363 vom 20.12.2006, S. 1).

europäische Gesellschaft geschaffen werden, die gemeinschaftsweit gegründet werden kann.

(3) Da eine solche gemeinschaftsweit gründbare Privatgesellschaft (nachstehend „SPE") für Kleinunternehmen bestimmt ist, sollte die Rechtsform gemeinschaftsweit so einheitlich wie möglich sein und sollten möglichst viele Punkte der Vertragsfreiheit der Anteilseigner überlassen bleiben, während gleichzeitig für Anteilseigner, Gläubiger, Beschäftigte und Dritte ein hohes Maß an Rechtssicherheit gewährleistet wird. Da den Anteilseignern für die interne Organisation der SPE ein hohes Maß an Flexibilität und Freiheit einzuräumen ist, sollte der private Charakter der Gesellschaft auch dadurch zum Ausdruck gebracht werden, dass ihre Anteile weder öffentlich angeboten noch am Kapitalmarkt gehandelt werden dürfen, worunter auch die Zulassung zum Handel oder die Notierung an einem geregelten Markt fällt.

(4) Damit die Unternehmen von sämtlichen Vorteilen des Binnenmarkts profitieren können, sollte eine SPE ihren Sitz und ihre Hauptniederlassung in unterschiedlichen Mitgliedstaaten haben und ihren Sitz von einem Mitgliedstaat in einen anderen verlagern können, ohne unbedingt auch die Hauptverwaltung oder die Hauptniederlassung verlegen zu müssen.

(5) Um den Unternehmen Effizienzgewinne und Kosteneinsparungen zu ermöglichen, sollte eine SPE in jedem Mitgliedstaat gegründet werden können, wobei es bei der Gesellschaftsform so wenig Abweichungen wie möglich geben sollte.

(6) Um für die SPE ein hohes Maß an Einheitlichkeit zu gewährleisten, sollten möglichst viele mit der Gesellschaftsform zusammenhängende Punkte unter diese Verordnung fallen und entweder durch materiellrechtliche Vorschriften geregelt oder an die Satzung der SPE verwiesen werden. Im Anhang zu dieser Verordnung sollte deshalb eine Liste all der Punkte zusammengestellt werden, für die die Anteilseigner der SPE in der Satzung Regelungen treffen müssen. Für diese Punkte sollte nur das Gemeinschaftsrecht gelten, damit die Anteilseigner hier andere Regelungen treffen können als das Recht des Mitgliedstaats, in der die SPE ihren Sitz hat, für Privatgesellschaften mit beschränkter Haftung vorsieht. Das innerstaatliche Recht sollte für all die Punkte gelten, für die die Verordnung dies vorsieht, sowie alle Bereiche, die nicht von dieser Verordnung abgedeckt werden, wie Insolvenz, Beschäftigung und Steuern, oder nicht durch sie an die Satzung verwiesen wurden.

(7) Um die SPE als Gesellschaftsform für natürliche Personen und Kleinunternehmen zugänglich zu machen, sollte sie *ex nihilo* gegründet werden oder aus einer Umwandlung, Verschmelzung oder Spaltung bestehender nationaler Gesellschaften hervorgehen können. Die Gründung einer SPE durch Umwandlung, Verschmelzung oder Spaltung von Gesellschaften sollte dem anwendbaren innerstaatlichen Recht unterliegen.

(8) Um die mit der Eintragung einer Gesellschaft verbundenen Kosten und den damit zusammenhängenden Verwaltungsaufwand zu verringern, sollten die Eintragungsformalitäten auf das zur Gewährleistung von Rechtssicherheit erforderliche Maß beschränkt werden und sollte die Gültigkeit der bei Gründung einer SPE vorzulegenden Dokumente einer einzigen Prüfung unterzogen werden, die vor oder nach der Eintragung stattfinden kann. Die Eintragung sollte in einem der Register erfolgen, die im Rahmen der Ersten Richtlinie des Rates vom 9. März 1968 zur

Koordinierung der Schutzbestimmungen, die in den Mitgliedstaaten den Gesellschaften im Sinne des Artikels 58 Absatz 2 des Vertrages im Interesse der Gesellschafter sowie Dritter vorgeschrieben sind, um diese Bestimmungen gleichwertig zu gestalten (68/151/EWG)[19], bestimmt wurden.

(9) Da Kleinunternehmen häufig ein langfristiges finanzielles und persönliches Engagement erfordern, sollten sie die Struktur ihres Gesellschaftskapitals und die mit den Anteilen verbundenen Rechte an ihre speziellen Bedürfnisse anpassen können. Die Anteilseigner einer SPE sollten deshalb selbst darüber bestimmen können, welche Rechte mit ihren Anteilen verbunden sind, wie bei einer Änderung dieser Rechte und bei einer Anteilsübertragung zu verfahren ist und ob eine solche Übertragung beschränkt werden soll.

(10) Um die Fortführung der Geschäftstätigkeit einer SPE nicht zu gefährden bzw. die Freiheit der Anteilseigner zu gewährleisten, sollte eine SPE die Möglichkeit haben, Anteilseigner, die ihre Interessen schwer schädigen unter Beschreitung des Rechtsweges auszuschließen und sollten Anteilseigner, deren Interessen infolge bestimmter Ereignisse schwer geschädigt wurden, das Recht haben, aus der SPE auszuscheiden.

(11) Eine SPE sollte keinen hohen Mindestkapitalanforderungen unterworfen werden, da dies die Gründung solcher Gesellschaften behindern würde. Allerdings sollten die Gläubiger vor unverhältnismäßig hohen Ausschüttungen an die Anteilseigner geschützt werden, die die Fähigkeit der SPE zur Rückzahlung ihrer Schulden beeinträchtigen könnten. Aus diesem Grund sollten Ausschüttungen untersagt werden, in deren Folge die Schulden der SPE den Wert ihrer Vermögenswerte übersteigen. Den Anteilseignern sollte es allerdings auch freistehen, vom Leitungsorgan der SPE eine unterzeichnete Solvenzbescheinigung zu verlangen.

(12) Da die Gläubiger im Falle einer Herabsetzung des Kapitals der SPE geschützt sein sollten, sollte in gewissem Umfang festgelegt werden, wann eine solche Herabsetzung wirksam wird.

(13) Da Kleinunternehmen eine rechtliche Struktur benötigen, die ihren Bedürfnissen und ihrer Größe angepasst werden kann und die sich bei expandierender Geschäftstätigkeit mitentwickelt, sollten die Anteilseigner einer SPE in ihrer Satzung selbst bestimmen können, welche interne Organisation ihren Bedürfnissen am besten gerecht wird. So kann eine SPE sich für ein oder mehrere geschäftsführende Mitglieder der Unternehmensleitung oder für eine monistische oder dualistische Unternehmensverfassung entscheiden. Doch sollte die Satzung verbindliche Vorschriften zum Schutz der Inhaber von Minderheitsbeteiligungen enthalten, um eine unfaire Behandlung dieser Anteilseigner zu vermeiden; so sollten insbesondere bestimmte grundlegende Beschlüsse mit einer Mehrheit von mindestens zwei Dritteln der stimmberechtigten Anteile der SPE gefasst werden. Auch wenn in Bezug auf das Recht auf Beantragung eines Beschlusses oder auf Bestellung eines unabhängigen Sachverständigen zur Untersuchung von Missbräuchen eine Schwelle eingeführt werden kann, darf dieses Recht nicht an den Besitz von mehr als 5 % der Stimmrechte

---

19 ABl. L 65 vom 14.3.1968, S. 8. Zuletzt geändert durch die Richtlinie 2006/99/EG (ABl. L 363 vom 20.12.2006, S. 137).

der SPE geknüpft werden, wenngleich die Satzung der SPE eine niedrigere Schwelle vorsehen kann.

(14) Bei Verlegung des Sitzes einer SPE in einen anderen Mitgliedstaat sollten die zuständigen nationalen Behörden die vollständige Durchführung und Rechtmäßigkeit dieser Sitzverlegung kontrollieren. Es sollte sichergestellt sein, dass Anteilseigner, Gläubiger und Arbeitnehmer rechtzeitig Kenntnis von der vorgeschlagenen Verlegung und dem Bericht des Leitungsorgans erhalten.

(15) Für die Arbeitnehmermitbestimmung sollte das Recht des Mitgliedstaats gelten, in dem die SPE ihren Sitz hat („Herkunftsmitgliedstaat"). Eine SPE sollte nicht zur Umgehung solcher Rechte missbraucht werden. Sehen die innerstaatlichen Rechtsvorschriften des Mitgliedstaats, in den die SPE ihren Sitz verlegt, nicht mindestens das gleiche Maß an Arbeitnehmermitbestimmung vor wie der Herkunftsmitgliedstaat, sollte darüber nach der Sitzverlegung unter bestimmten Umständen verhandelt werden. Bei Scheitern dieser Verhandlungen sollten die vor der Sitzverlegung im Unternehmen geltenden Bestimmungen auch nach der Verlegung weiter gelten.

(16) Andere Arbeitnehmerrechte als das Mitbestimmungsrecht sollten auch weiterhin unter die Richtlinie 94/45/EG des Rates vom 22. September 1994 über die Einsetzung eines Europäischen Betriebsrats oder die Schaffung eines Verfahrens zur Unterrichtung und Anhörung der Arbeitnehmer in gemeinschaftsweit operierenden Unternehmen und Unternehmensgruppen[20], die Richtlinie 98/59/EG des Rates vom 20. Juli 1998 zur Angleichung der Rechtsvorschriften der Mitgliedstaaten über Massenentlassungen[21], die Richtlinie 2001/23/EG des Rates vom 12. März 2001 zur Angleichung der Rechtsvorschriften der Mitgliedstaaten über die Wahrung von Ansprüchen der Arbeitnehmer beim Übergang von Unternehmen, Betrieben oder Unternehmens- oder Betriebsteilen[22] und die Richtlinie 2002/14/EG des Europäischen Parlaments und des Rates vom 11. März 2002 zur Festlegung eines allgemeinen Rahmens für die Unterrichtung und Anhörung der Arbeitnehmer in der Europäischen Gemeinschaft[23] fallen.

(17) Die Mitgliedstaaten sollten festlegen, welche Sanktionen bei Verstößen gegen diese Verordnung verhängt werden können und deren Anwendung gewährleisten, was auch Verstöße gegen die Verpflichtung einschließt, in der Satzung der SPE die in dieser Verordnung vorgeschriebenen Punkte zu regeln. Diese Sanktionen müssen wirksam, verhältnismäßig und abschreckend sein.

(18) Der EG-Vertrag sieht für den Erlass dieser Verordnung nur die in Artikel 308 genannten Befugnisse vor.

(19) Da sich die Ziele der beabsichtigten Maßnahme von den Mitgliedstaaten nicht ausreichend verwirklichen lassen, weil es um die Schaffung einer Gesellschaftsform mit gemeinschaftsweit einheitlichen Merkmalen geht, und wegen des Umfangs und

---

[20] ABl. L 254 vom 30.9.1994, S. 64. Zuletzt geändert durch die Richtlinie 2006/109/EG (ABl. L 363 vom 20.12.2006, S. 416).

[21] ABl. L 225 vom 12.8.1998, S. 16.

[22] ABl. L 82 vom 22.3.2001, S. 16.

[23] ABl. L 80 vom 23.3.2002, S. 29.

der Wirkungen der Maßnahme daher besser auf Gemeinschaftsebene zu erreichen sind, kann die Gemeinschaft im Einklang mit dem in Artikel 5 EG-Vertrag niedergelegten Subsidiaritätsprinzip tätig werden. Entsprechend dem in demselben Artikel genannten Verhältnismäßigkeitsprinzip geht diese Verordnung nicht über das für die Erreichung dieser Ziele erforderliche Maß hinaus.

HAT FOLGENDE VERORDNUNG ERLASSEN:

KAPITEL I
ALLGEMEINE BESTIMMUNGEN

Artikel 1
Gegenstand

In dieser Verordnung werden die Bedingungen für Gründung und Betrieb von Gesellschaften in Form der Europäischen Privatgesellschaft mit beschränkter Haftung (Societas Privata Europaea, nachstehend „SPE") in der Gemeinschaft festgelegt.

Artikel 2
Begriffsbestimmungen

1. Für die Zwecke dieser Verordnung gelten folgende Begriffsbestimmungen:

(a) „Anteilseigner" ist der Gründungsgesellschafter sowie jede andere Person, deren Name gemäß den Artikeln 15 und 16 in das Verzeichnis der Anteilseigner aufgenommen wird.

(b) „Ausschüttung" ist jeder finanzielle Vorteil, den ein Anteilseigner aufgrund der von ihm gehaltenen Anteile direkt oder indirekt aus der SPE zieht, einschließlich einer etwaigen Übertragung von Geld oder Immobilien sowie das Eingehen einer Schuld.

(c) „Mitglied der Unternehmensleitung" ist jedes geschäftsführende Mitglied der Unternehmensleitung und jedes Mitglied des Leitungs-, Verwaltungs- oder Aufsichtsorgans einer SPE.

(d) „Leitungsorgan" ist ein aus einem oder mehreren geschäftsführenden Mitgliedern der Unternehmensleitung bestehendes Leitungsgremium (dualistisches System) oder Verwaltungsgremium (monistisches System), das laut Satzung der SPE für die Leitung der SPE zuständig ist.

(e) „Aufsichtsorgan" ist das Aufsichtsgremium (dualistisches System), das laut Satzung der SPE für die Beaufsichtigung des Leitungsorgans zuständig ist.

(f) „Herkunftsmitgliedstaat" ist der Mitgliedstaat, in dem die SPE unmittelbar vor Verlegung ihres eingetragenen Sitzes in einen anderen Mitgliedstaat ihren Sitz hat.

(g) „Aufnahmemitgliedstaat“ ist der Mitgliedstaat, in den der eingetragene Sitz der SPE verlegt wird.

2. Ausschüttungen im Sinne von Absatz 1 Buchstabe b können durch Immobilienerwerb, durch Rücknahme von Anteilen oder durch eine andere Art des Anteilserwerbs sowie auf jedem anderen beliebigen Wege erfolgen.

Artikel 3

Voraussetzungen für die Gründung einer SPE

1. Eine SPE erfüllt folgende Voraussetzungen:

(a) ihr Kapital ist in Anteile zerlegt,

(b) ihre Anteilseigner haften nur bis zur Höhe des Kapitals, das sie gezeichnet haben oder zu dessen Zeichnung sie sich bereiterklärt haben,

(c) sie besitzt Rechtspersönlichkeit,

(d) ihre Anteile werden weder öffentlich angeboten noch öffentlich gehandelt,

(e) sie kann von einer oder mehreren natürlichen und/oder juristischen Personen, nachstehend „Gründungsgesellschafter“, errichtet werden.

2. Für die Zwecke des Absatzes 1 Buchstabe d gelten Anteile als „öffentlich angeboten“, wenn in beliebiger Form und auf beliebigem Wege eine Mitteilung an Personen gerichtet wird, die so viele Informationen über die Bedingungen des Angebots und die anzudienenden Anteile enthält, dass ein Anleger in der Lage ist, über Erwerb oder Zeichnung dieser Anteile zu entscheiden, was auch dann gilt, wenn Anteile durch Finanzintermediäre platziert werden.

3. Für die Zwecke des Absatzes 1 Buchstabe e sind „juristische Personen“ alle Gesellschaften im Sinne von Artikel 48 Absatz 2 EG-Vertrag, Europäische Aktiengesellschaften im Sinne der Verordnung (EG) Nr. 2001/2157 des Rates, nachstehend „Europäische Gesellschaft“, Europäische Genossenschaften im Sinne der Verordnung (EG) Nr. 1435/2003 des Rates, Europäische wirtschaftliche Interessenvereinigungen im Sinne der Verordnung (EWG) des Rates Nr. 2137/85 und SPEs.

Artikel 4

Auf eine SPE anwendbare Bestimmungen

1. Für eine SPE gelten die Bestimmungen dieser Verordnung und für die in Anhang I genannten Punkte die Bestimmungen ihrer Satzung.

Ist ein Punkt nicht durch die Artikel oder durch Anhang I dieser Verordnung abgedeckt, so gelten die Rechtsvorschriften, die der Mitgliedstaat, in dem die SPE ihren Sitz hat, für Privatgesellschaften mit beschränkter Haftung erlassen hat, einschließlich der Vorschriften zur Umsetzung des Gemeinschaftsrechts, nachstehend „anwendbares Recht“ genannt.

KAPITEL II
GRÜNDUNG

Artikel 5
Gründungsmöglichkeiten

1. Die Mitgliedstaaten lassen für die Gründung einer SPE die folgenden Möglichkeiten zu:

   (a) die Gründung einer SPE gemäß dieser Verordnung,

   (b) die Umwandlung einer bestehenden Gesellschaft,

   (c) die Verschmelzung bestehender Gesellschaften,

   (d) die Spaltung einer bestehenden Gesellschaft.

2. Wird eine SPE durch Umwandlung, Verschmelzung oder Spaltung bestehender Gesellschaften gegründet, so gilt das innerstaatliche Recht, das auf die umwandelnde Gesellschaft, auf jede der verschmelzenden Gesellschaften oder auf die sich spaltende Gesellschaft anwendbar ist. Eine Gründung durch Umwandlung hat weder die Auflösung der Gesellschaft noch den Verlust oder eine Unterbrechung ihrer Rechtspersönlichkeit zur Folge.

3. Für die Zwecke der Absätze 1 und 2 ist eine „Gesellschaft“ jede Form von Gesellschaft, die nach innerstaatlichem Recht der Mitgliedstaaten gegründet werden kann, eine Europäische Gesellschaft oder gegebenenfalls eine SPE.

Artikel 6
Name der Gesellschaft

Auf den Namen der SPE folgt der Zusatz „SPE“.

Der Namenszusatz „SPE“ ist ausschließlich SPEs vorbehalten.

Artikel 7
Gesellschaftssitz

Eine SPE hat ihren Sitz und ihre Hauptverwaltung oder Hauptniederlassung in der Gemeinschaft.

Die Hauptverwaltung oder Hauptniederlassung einer SPE muss sich nicht im gleichen Mitgliedstaat befinden wie ihr eingetragener Sitz.

Artikel 8
Satzung

1. Eine SPE verfügt über eine Satzung, die zumindest die in Anhang I dieser Verordnung genannten Punkte regelt.

2. Die Satzung einer SPE liegt in schriftlicher Form vor und ist von allen Gründungsgesellschaftern unterzeichnet.

3. Satzung und sämtliche Änderungen können wie folgt geltend gemacht werden:

   (a) gegenüber den Anteilseignern, dem Leitungsorgan sowie gegebenenfalls dem Aufsichtsorgan der SPE ab dem Tag ihrer Unterzeichnung bzw. Annahme, wenn es sich um eine Änderung handelt;

   (b) gegenüber Dritten gemäß der Bestimmungen der anwendbaren innerstaatlichen Rechtsvorschriften zur Umsetzung von Artikel 3 Absätze 5, 6 und 7 der Richtlinie 68/151/EWG.

Artikel 9
Eintragung

1. Jede SPE wird in dem Mitgliedstaat, in dem sie ihren Sitz hat, in das gemäß Artikel 3 der Richtlinie 68/151/EWG[24] durch innerstaatliche Rechtsvorschriften bestimmte Register eingetragen.

2. Die SPE erlangt ihre Rechtspersönlichkeit am Tag ihrer Eintragung in das Register.

3. Bei einer Verschmelzung durch Aufnahme nimmt die aufnehmende Gesellschaft an dem Tag, an dem die Verschmelzung eingetragen wird, die Form einer SPE an.

   Bei einer Spaltung durch Übernahme nimmt die übernehmende Gesellschaft an dem Tag, an dem die Spaltung eingetragen wird, die Form einer SPE an.

Artikel 10
Formalitäten für die Eintragung

1. Der Antrag auf Eintragung wird von den Gründungsgesellschaftern oder einer von ihnen bevollmächtigten Person gestellt. Die Antragstellung kann elektronisch erfolgen.

2. Die Mitgliedstaaten können für einen Antrag auf Eintragung einer SPE nur folgende Angaben und Dokumente verlangen:

   (a) den Namen der SPE und die Anschrift ihres Sitzes,

   (b) die Namen, Anschriften und alle weiteren Informationen, die zur Feststellung der Personen erforderlich sind, die befugt sind, die SPE gegenüber Dritten und

---

24 ABl. L 65 vom 14.3.1968, S. 8.

vor Gericht zu vertreten, oder die an der Führung, Beaufsichtigung oder Kontrolle der SPE beteiligt sind,

(c) das Gesellschaftskapital der SPE,

(d) die Anteilskategorien und die Zahl der Anteile in den einzelnen Klassen,

(e) die Gesamtzahl der Anteile,

(f) den Nennwert oder den rechnerischen Pariwert der Anteile,

(g) die Satzung der SPE,

(h) in Fällen, in denen die SPE aus einer Umwandlung, Verschmelzung oder Spaltung von Gesellschaften hervorgegangen ist, den Umwandlungs-, Verschmelzungs- oder Spaltungsbeschluss, der zur Gründung der SPE geführt hat.

3. Die in Absatz 2 genannten Dokumente und Angaben werden in der durch das anwendbare innerstaatliche Recht vorgeschriebenen Sprache geliefert.

4. Die Eintragung einer SPE kann nur an eine der folgenden Bedingungen geknüpft werden:

(a) die Kontrolle der Rechtmäßigkeit der Dokumente und Angaben der SPE durch eine Justiz- oder Verwaltungsbehörde,

(b) die Beglaubigung der Dokumente und Angaben der SPE.

5. Die SPE teilt dem Register jede Änderung der in Absatz 2 Buchstaben a bis g genannten Angaben oder Dokumente innerhalb von 14 Kalendertagen nach der betreffenden Änderung mit. Nach jeder Satzungsänderung übermittelt die SPE dem Register den ungekürzten Wortlaut der letzten Fassung.

6. Die Eintragung der SPE ist bekanntzugeben.

Artikel 11
Publikationspflichten

1. Die Veröffentlichung der nach dieser Verordnung offenzulegenden Dokumente und Angaben erfolgt gemäß der anwendbaren innerstaatlichen Vorschriften zur Umsetzung von Artikel 3 der Richtlinie 68/151/EWG.

2. Briefbögen und Bestellformulare einer SPE - ob in Papier- oder elektronischer Form - sowie gegebenenfalls die Website der Gesellschaft enthalten folgenden Angaben:

(a) die Informationen, die zur Feststellung des in Artikel 9 genannten Registers sowie der Registernummer der SPE erforderlich sind,

(b) den Namen der SPE, die Anschrift ihres eingetragenen Sitzes sowie gegebenenfalls den Hinweis darauf, dass sich die Gesellschaft in Auflösung befindet.

Artikel 12

Haftung für Handlungen vor Eintragung einer SPE

Wurden vor der Eintragung einer SPE in ihrem Namen Handlungen ausgeführt, so kann sie nach ihrer Eintragung die aus diesen Handlungen resultierenden Verpflichtungen übernehmen. Tut die SPE dies nicht, haften die Personen, die die Handlungen ausgeführt haben, gesamtschuldnerisch in unbegrenzter Höhe.

Artikel 13

Zweigniederlassungen

Zweigniederlassungen einer SPE unterliegen den Rechtsvorschriften des Mitgliedstaats, in dem sich die jeweilige Zweigniederlassung befindet, einschließlich der einschlägigen Bestimmungen zur Umsetzung der Richtlinie 89/666/EWG des Rates[25].

KAPITEL III
ANTEILE

Artikel 14

Anteile

1. Die Anteile der SPE werden in das Verzeichnis der Anteilseigner aufgenommen.

2. Anteile, die mit den gleichen Rechten und Pflichten verbunden sind, bilden eine Kategorie.

3. Um eine Satzungsänderung zu beschließen, mit der die mit einer Anteilsklasse verbundenen Rechte geändert werden (einschließlich aller Änderungen, mit denen das Verfahren zur Änderung der mit einer Anteilsklasse verbundenen Rechte abgeändert wird) muss vorbehaltlich des Artikels 27 eine Mehrheit von mindestens zwei Dritteln der gesamten Stimmrechte, die an die in dieser Kategorie ausgegebenen Anteile gebunden sind, dem Beschluss zustimmen.

4. Befindet sich ein Anteil im Besitz mehrerer Personen, so werden diese als ein Anteilseigner der SPE betrachtet. Sie nehmen ihre Rechte über einen gemeinsamen Vertreter wahr, der in Ermangelung einer Mitteilung an die SPE derjenige ist, dessen Name im Verzeichnis der Anteilseigner für diesen Anteil als Erster genannt wird. Für die mit diesem Anteil verbundenen Verpflichtungen haften sie gesamtschuldnerisch.

---

[25] ABl. L 395 vom 30.12.1989, S. 36.

Artikel 15
Verzeichnis der Anteilseigner

1. Das Leitungsorgan erstellt ein Verzeichnis der Anteilseigner. Dieses Verzeichnis umfasst mindestens die folgenden Angaben:

(a) Name und Anschrift der einzelnen Anteilseigner,

(b) die Zahl der von dem jeweiligen Eigner gehaltenen Anteile einschließlich ihres Nennwerts und rechnerischen Pariwerts,

(c) für den Fall, dass ein Anteil sich im Besitz mehrerer Personen befindet, Name und Anschrift der einzelnen Eigner und ihres gemeinsamen Vertreters,

(d) den Zeitpunkt des Anteilserwerbs,

(e) die Höhe jeder Bareinlage, die der betreffende Anteilseigner gegebenenfalls geleistet oder noch zu leisten hat,

(f) Wert und Art jeder Sacheinlage, die der betreffende Anteilseigner gegebenenfalls geleistet oder noch zu leisten hat,

(g) das Datum, ab dem ein Anteilseigner kein Eigner der SPE mehr ist.

2. Das Verzeichnis der Anteilseigner stellt den Nachweis der Echtheit der in Absatz 1 Buchstaben a bis g genannten Angaben dar, sofern diese nicht anderweitig nachgewiesen ist.

3. Das Verzeichnis der Anteilseigner samt aller Änderungen wird vom Leitungsorgan aufbewahrt und kann von den Anteilseignern oder Dritten auf Verlangen überprüft werden.

Artikel 16
Übertragung von Anteilen

1. Vorbehaltlich des Artikels 27 kann ein Beschluss zur Einführung oder Änderung einer Beschränkung oder eines Verbots der Übertragung von Anteilen nur mit Zustimmung aller von dieser Einschränkung oder diesem Verbot betroffenen Anteilseigner gefasst werden.

2. Alle Vereinbarungen über die Übertragung von Anteilen bedürfen der Schriftform.

3. Wird dem Leitungsorgan eine Übertragung mitgeteilt, nimmt es den Anteilseigner umgehend in das in Artikel 15 genannte Verzeichnis auf, sofern diese Übertragung nach Maßgabe dieser Verordnung und der Satzung erfolgt ist und der Anteilseigner angemessen nachweist, dass er der rechtmäßige Eigentümer des Anteils ist.

4. Vorbehaltlich des Absatzes 3 wird jede Übertragung wie folgt wirksam:

(a) in Bezug auf die SPE an dem Tag, an dem der Anteilseigner der SPE die Übertragung mitteilt,

(b) in Bezug auf Dritte an dem Tag, an dem der Anteilseigner in das in Artikel 15 genannte Verzeichnis aufgenommen wird.

5. Eine Anteilsübertragung ist nur gültig, wenn sie mit dieser Verordnung und der Satzung in Einklang steht. Es gelten die Bestimmungen der anwendbaren innerstaatlichen Rechtsvorschriften zum Schutz von Personen, die Anteile in gutem Glauben erwerben.

Artikel 17

Ausschluss eines Anteilseigners

1. Aufgrund eines Beschlusses der Anteilseigner kann das zuständige Gericht auf Antrag der SPE den Ausschluss eines Anteilseigners anordnen, wenn dieser den Interessen der SPE schwer geschadet hat oder sein Verbleib als Anteilseigner der Geschäftstätigkeit der SPE abträglich ist. Ein entsprechender Antrag bei Gericht wird innerhalb von 60 Kalendertagen nach dem Beschluss der Anteilseigner gestellt.

2. Das Gericht entscheidet, ob als vorläufige Maßnahme die Stimm- und andere nicht geldliche Rechte dieses Anteilseigners bis zu einer endgültigen Entscheidung ausgesetzt werden sollten.

3. Ordnet das Gericht den Ausschluss eines Anteilseigners an, so entscheidet es, ob dessen Anteile von den anderen Anteilseignern und/oder der SPE selbst zu übernehmen sind sowie über den Preis der Anteile.

Artikel 18

Ausscheiden eines Anteilseigners

1. Ein Anteilseigner hat das Recht, aus der SPE auszuscheiden, wenn deren Geschäfte in einer Weise geführt werden oder wurden, die seinen Interessen aufgrund eines der nachstehenden Sachverhalte schwer schadet:

(a) der SPE wurde ein erheblicher Teil ihrer Vermögenswerte entzogen,

(b) der eingetragene Sitz der SPE wurde in einen anderen Mitgliedstaat verlagert,

(c) die Geschäftsbereiche der SPE haben sich erheblich verändert,

(d) es wurden mindestens drei Jahre lang keine Dividenden ausgeschüttet, obwohl die Finanzlage der SPE eine solche Ausschüttung erlaubt hätte.

2. Der Anteilseigner teilt der SPE sein Ausscheiden unter Angabe von Gründen schriftlich mit.

3. Nach Erhalt der in Absatz 2 genannten Mitteilung beantragt das Leitungsorgan der SPE umgehend einen Beschluss der Anteilseigner über die Übernahme der Anteile dieses Anteilseigners durch die anderen Anteilseigner oder die SPE selbst.

4. Wenn die Anteilseigner der SPE innerhalb von 30 Kalendertagen nach Übermittlung der in Absatz 2 genannten Mitteilung keinen Beschluss gemäß Absatz 3 fassen oder

die vom Anteilseigner für sein Ausscheiden genannten Gründe nicht akzeptieren, teilt das Leitungsorgan dies dem Anteilseigner umgehend mit.

5. Sollte über den Preis der Anteile keine Einigung erzielt werden können, wird ihr Wert von einem von den Parteien bestellten unabhängigen Sachverständigen bestimmt oder – sollte auch über den Sachverständigen keine Einigung erzielt werden können - vom zuständigen Gericht oder der zuständigen Verwaltungsbehörde festgesetzt.

6. Auf Antrag eines Anteilseigners kann das zuständige Gericht, wenn es sich davon überzeugt hat, dass die Interessen des Anteilseigners schwer geschädigt wurden, die Übernahme seiner Anteile durch die anderen Anteilseigner oder die SPE selbst anordnen und die Zahlung des Anteilspreises verfügen.

Ein entsprechender Antrag bei Gericht wird entweder innerhalb von 60 Kalendertagen nach dem in Absatz 3 genannten Beschluss der Anteilseigner oder – sollte innerhalb von 30 Kalendertagen, nachdem der Anteilseigner sein Ausscheiden aus der SPE mitgeteilt hat, kein Beschluss gefasst worden sein – innerhalb von 60 Kalendertagen nach Ablauf dieser Frist gestellt.

KAPITEL IV
KAPITAL

Artikel 19
Gesellschaftskapital

1. Unbeschadet des Artikels 42 lautet das Kapital der SPE auf Euro.

2. Das Kapital der SPE wird in vollem Umfang gezeichnet.

3. Die Anteile der SPE müssen bei Ausgabe nicht in voller Höhe bezahlt werden.

4. Das Kapital der SPE beträgt mindestens 1 Euro.

Artikel 20
Für die Anteile zu entrichtendes Entgelt

1. Die Anteilseigner müssen im Einklang mit der Satzung der SPE das vereinbarte Entgelt entweder bar entrichten oder die vereinbarte Sacheinlage leisten.

2. Außer bei einer Herabsetzung des Gesellschaftskapitals können die Anteilseigner nicht ihrer Pflicht zur Entrichtung des vereinbarten Entgelts bzw. zur Leistung der vereinbarten Sacheinlage enthoben werden.

3. Unbeschadet der Absätze 1 und 2 fällt die Verpflichtung der Anteilseigner für das gezahlte Entgelt bzw. die geleistete Sacheinlage unter das anwendbare innerstaatliche Recht.

Artikel 21
Ausschüttungen

1. Unbeschadet des Artikels 24 kann die SPE auf Vorschlag des Leitungsorgans eine Ausschüttung an die Anteilseigner vornehmen, sofern die Vermögenswerte der SPE nach dieser Ausschüttung ihre Schulden in vollem Umfang abdecken. Die SPE darf keine Rücklagen ausschütten, die ihrer Satzung zufolge nicht ausschüttungsfähig sind.

2. Falls die Satzung dies vorschreibt, unterzeichnet das Leitungsorgan der SPE zusätzlich zur Einhaltung des Absatzes 1 vor einer Ausschüttung eine Erklärung, nachstehend „Solvenzbescheinigung" genannt, in der bescheinigt wird, dass die SPE in dem auf die Ausschüttung folgenden Jahr in der Lage sein wird, ihre Schulden bei deren Fälligkeit im Rahmen ihrer normalen Geschäftstätigkeit zu begleichen. Den Anteilseignern wird diese Solvenzbescheinigung vor einem in Artikel 27 genannten Beschluss über die Ausschüttung vorgelegt.

   Die Solvenzbescheinigung wird veröffentlicht.

Artikel 22
Rückforderung von Ausschüttungen

Jeder Anteilseigner, der Ausschüttungen erhalten hat, die nicht mit Artikel 21 in Einklang stehen, muss diese Ausschüttungen der SPE zurückerstatten, wenn diese nachweist, dass er über die Unregelmäßigkeit im Bilde war oder angesichts der Umstände darüber im Bilde hätte sein müssen.

Artikel 23
Eigene Anteile

1. Die SPE zeichnet eigene Anteile weder direkt noch indirekt.

2. Erwirbt die SPE eigene Anteile, so gelten die Artikel 21 und 22 entsprechend. Die SPE kann nur Anteile erwerben, die zur Gänze bezahlt sind. Die SPE verfügt stets über mindestens einen begebenen Anteil.

3. Das Stimmrecht und andere nicht geldliche Rechte, die mit den eigenen Anteilen der SPE verbunden sind, werden ausgesetzt, solange die SPE die eingetragene Eigentümerin dieser Anteile ist.

4. Löscht die SPE ihre eigenen Anteile, wird das Gesellschaftskapital entsprechend herabgesetzt.

5. Anteile, die von der SPE unter Verletzung dieser Verordnung oder der Satzung erworben wurden, werden innerhalb eines Jahres nach ihrem Erwerb veräußert oder gelöscht.

6. Vorbehaltlich des Absatzes 5 und der Satzung der SPE unterliegt die Löschung der Anteile dem geltenden innerstaatlichen Recht.

7. Für Anteile, die von einer Person zwar im eigenen Namen, aber für die SPE erworben wurden, gilt dieser Artikel entsprechend.

Artikel 24

Kapitalherabsetzung

1. Bei einer Herabsetzung des Gesellschaftskapitals der SPE gelten die Artikel 21 und 22 entsprechend.

2. Nach Bekanntgabe eines Beschlusses der Anteilseigner, das Kapital der SPE herabzusetzen, können Gläubiger, deren Forderungen schon vor Bekanntgabe dieses Beschlusses bestanden, beim zuständigen Gericht die Anordnung beantragen, dass die SPE ihnen angemessene Sicherheiten liefert.

   Ein solcher Antrag wird innerhalb von 30 Kalendertagen nach Bekanntgabe des Beschlusses gestellt.

3. Das Gericht kann die SPE nur zur Lieferung von Sicherheiten anweisen, wenn der Gläubiger glaubhaft nachweist, dass die Befriedigung seiner Forderungen durch die Kapitalherabsetzung in Gefahr ist und er von der SPE keine angemessenen Sicherheiten erhalten hat.

4. Eine Kapitalherabsetzung wird wie folgt wirksam:

   (a) wenn die SPE zum Zeitpunkt der Beschlussfassung keine Gläubiger hat, zum Zeitpunkt des Beschlusses;

   (b) wenn die SPE zum Zeitpunkt der Beschlussfassung Gläubiger hat, von denen keiner innerhalb von dreißig Kalendertagen nach Bekanntgabe des Beschlusses der Anteilseigner einen Antrag gestellt hat, am einunddreißigsten Kalendertag nach der Bekanntgabe;

   (c) wenn die SPE zum Zeitpunkt der Beschlussfassung Gläubiger hat, von denen einer innerhalb von dreißig Kalendertagen nach Bekanntgabe des Beschlusses der Anteilseigner einen Antrag gestellt hat, am ersten Tag, an dem die SPE die Anweisung des zuständigen Gerichts zur Lieferung von Sicherheiten zur Gänze erfüllt hat, oder – sollte dies früher der Fall sein – am ersten Tag, an dem das Gericht in Bezug auf sämtliche Anträge entschieden hat, dass die SPE keine Sicherheiten zur Verfügung stellen muss.

5. Dient eine Kapitalherabsetzung dem Ausgleich von Verlusten der SPE, darf der herabgesetzte Betrag ausschließlich zu diesem Zweck verwendet und kann nicht an die Anteilseigner ausgeschüttet werden.

6. Eine Kapitalherabsetzung wird bekanntgemacht.

7. Bei einer Kapitalherabsetzung ist die Gleichbehandlung aller Anteilseigner mit gleichhoher Beteiligung zu gewährleisten.

Artikel 25
Abschlüsse

1. Für die Erstellung, Vorlage, Prüfung und Veröffentlichung von Abschlüssen gelten für die SPE die Vorschriften des anwendbaren innerstaatlichen Rechts.

2. Die Bücher der SPE werden vom Leitungsorgan geführt. Für die Buchführung der SPE gilt das anwendbare innerstaatliche Recht.

KAPITEL V
ORGANISATION DER SPE

Artikel 26
Allgemeine Bestimmungen

1. Die SPE verfügt über ein Leitungsorgan, das für die Leitung der SPE verantwortlich ist. Das Leitungsorgan kann alle Befugnisse der SPE ausüben, sofern diese Verordnung oder die Satzung nicht vorschreiben, dass sie von den Anteilseignern auszuüben sind.

2. Die Anteilseigner legen die Organisation der SPE vorbehaltlich dieser Verordnung fest.

Artikel 27
Beschlüsse der Anteilseigner

1. Unbeschadet Absatz 2 werden zumindest die folgenden Fragen durch einen Mehrheitsbeschluss der Anteilseigner - so wie in der Satzung der SPE festgelegt - geregelt:

   (a) Änderung der an die Anteile gebundenen Rechte;

   (b) Ausschluss eines Anteilseigners;

   (c) Ausscheiden eines Anteilseigners;

   (d) Genehmigung des Jahresabschlusses;

   (e) Ausschüttung an die Anteilseigner;

   (f) Erwerb eigener Anteile;

   (g) Rückkauf von Anteilen;

   (h) Erhöhung des Gesellschaftskapitals;

   (i) Herabsetzung des Gesellschaftskapitals;

   (j) Ernennung und Entlassung von Mitgliedern der Unternehmensleitung und ihre Mandatszeit;

(k) sofern die SPE einen Abschlussprüfer hat, Bestellung und Entlassung des Abschlussprüfers;

(l) Verlegung des eingetragenen Sitzes der SPE in einen anderen Mitgliedstaat;

(m) Umwandlung der SPE;

(n) Verschmelzungen und Spaltungen;

(o) Auflösung;

(p) Änderungen der Satzung, die nicht die unter Buchstabe a bis o genannten Punkte betreffen.

2. Beschlüsse zu den in Absatz 1 Buchstabe a, b, c, i, l, m, n, o und p genannten Punkten werden mit qualifizierter Mehrheit gefasst.

Für die Zwecke von Unterabsatz 1 darf die qualifizierte Mehrheit nicht weniger als zwei Drittel der gesamten Stimmrechte betragen, die an die von der SPE ausgegebenen Anteile gebunden sind.

3. Die Annahme von Beschlüssen ist nicht an die Einberufung einer Hauptversammlung gebunden. Das Leitungsorgan übermittelt allen Anteilseignern die Beschlussvorlagen zusammen mit ausreichenden Informationen, so dass sie eine Entscheidung in voller Kenntnis der Sachlage treffen können. Die Beschlüsse sind schriftlich aufzuzeichnen. Jeder Anteilseigner erhält Kopien der gefassten Beschlüsse.

4. Die Beschlüsse der Anteilseigner stehen mit dieser Verordnung und der Satzung der SPE im Einklang.

Die Rechte der Anteilseigner auf Anfechtung der Beschlüsse unterliegen dem anwendbaren nationalen Recht.

5. Hat die SPE lediglich einen Anteilseigner, nimmt er die in dieser Verordnung und in der Satzung der SPE festgelegten Rechte der Anteilseigner der SPE wahr und erfüllt ihre Verpflichtungen.

6. Beschlüsse zu den in Absatz 1 genannten Punkten sind bekannt zu machen.

7. Die Beschlüsse können wie folgt als Grundlage herangezogen werden:

(a) in Bezug auf die Anteilseigner, das Leitungsorgan der SPE und ihr Aufsichtsorgan, falls vorhanden, ab dem Tag ihrer Annahme,

(b) in Bezug auf Dritte im Rahmen der Bestimmungen des anwendbaren nationalen Rechts, mit dem Artikel 3 Absatz 5, 6 und 7 der Richtlinie 68/151/EWG umgesetzt wurde.

Artikel 28

Informationsrechte der Anteilseigner

1. Die Anteilseigner haben das Recht, in Bezug auf Beschlüsse, den Jahresabschluss und sonstige Angelegenheiten im Zusammenhang mit den Tätigkeiten der SPE ordnungsgemäß unterrichtet zu werden und einschlägige Fragen an das Leitungsorgan der SPE zu stellen.

2. Das Leitungsorgan kann den Zugang zu Informationen nur dann verweigern, wenn dieser den Geschäftsinteressen der SPE ernsthaft abträglich sein könnte.

Artikel 29

Recht auf Beantragung eines Beschluss und auf Bestellung eines unabhängigen Sachverständigen

1. Anteilseigner, die 5 % der an die Anteile der SPE gebundenen Stimmrechte besitzen, sind berechtigt, das Leitungsorgan um die Ausarbeitung einer Beschlussvorlage für die Anteilseigner zu bitten.

   In dem Antrag müssen die Gründe für einen derartigen Beschluss und die darin zu behandelnden Fragen dargelegt werden.

   Wird der Antrag abgelehnt oder legt das Leitungsorgan innerhalb von 14 Kalendertagen nach Erhalt des Antrags keine Beschlussvorlage vor, können die betreffenden Anteilseigner den anderen Anteilseignern eine Beschlussvorlage für die besagten Themen übermitteln.

2. Im Falle des Verdachts auf einen schwerwiegenden Verstoß gegen die Rechtsvorschriften oder die Satzung der SPE sind Anteilseigner, die 5 % der an die Anteile der SPE gebundenen Stimmrechte besitzen, berechtigt, das zuständige Gericht bzw. die zuständige Verwaltungsbehörde um die Bestellung eines unabhängigen Sachverständigen zu bitten, der Nachforschungen anstellt und den Anteilseignern über deren Ergebnisse berichtet.

   Der Sachverständige hat Zugang zu den Unterlagen und Aufzeichnungen der SPE und kann vom Leitungsorgan Informationen anfordern.

3. Die Satzung kann die in Absatz 1 und 2 genannten Rechte auch einzelnen Anteilseignern oder Anteilseignern gewähren, die weniger als 5 % der an die Anteile der SPE gebundenen Stimmrechte besitzen.

Artikel 30

Mitglieder der Unternehmensleitung

1. Nur eine natürliche Person kann Mitglied der Unternehmensleitung einer SPE sein.

2. Eine Person, die als Mitglied der Unternehmensleitung agiert, ohne offiziell dazu bestellt zu sein, wird als ein Mitglied der Unternehmensleitung angesehen, das allen Pflichten und der Verantwortung eines solchen Mitglieds nachzukommen hat.

3. Eine Person, die den nationalen Rechtsvorschriften zufolge aufgrund eines Gerichts- oder Verwaltungsurteils eines Mitgliedstaats für die Ausübung der Aufgabe eines Mitglieds der Unternehmensleitung als ungeeignet erklärt wurde, kann nicht als Mitglied der Unternehmensleitung einer SPE tätig werden.

4. Die Erklärung der mangelnden Eignung einer Person als Mitglied der Unternehmensleitung einer SPE fällt unter das anwendbare nationale Recht.

Artikel 31

Allgemeine Pflichten und allgemeine Verantwortung von Mitgliedern der Unternehmensleitung

1. Ein Mitglied der Unternehmensleitung ist verpflichtet, im bestmöglichen Interesse der SPE zu handeln. Es handelt mit der Sorgfalt und der Eignung, die vernünftigerweise für die Ausübung der Tätigkeit gefordert werden können.

2. Die Mitglieder der Unternehmensleitung stehen der SPE gegenüber in der Pflicht.

3. Vorbehaltlich der Satzung der SPE vermeidet ein Mitglied der Unternehmensleitung jede Situation, von der vernünftigerweise davon ausgegangen werden kann, dass sie zu einem aktuellen oder potenziellen Interessenkonflikt zwischen seinen persönlichen Interessen und den Interessen der SPE bzw. zwischen seinen Verpflichtungen gegenüber SPE und seiner Pflicht gegenüber anderen juristischen oder natürlichen Personen führt.

4. Ein Mitglied der Unternehmensleitung einer SPE ist dem Unternehmen gegenüber für jede Handlung oder unterlassene Handlung verantwortlich, die gegen seine Pflichten infolge dieser Verordnung, der Satzung der SPE oder infolge eines Beschlusses der Anteilseigner verstößt und der SPE einen Verlust oder einen Schaden verursacht. Wurde ein derartiger Verstoß von mehr als einem Mitglied der Unternehmensleitung begangen, haften alle betreffenden Mitglieder der Unternehmensleitung gesamtschuldnerisch.

5. Unbeschadet dieser Verordnung fällt die Haftung der Mitglieder der Unternehmensleitung unter das anwendbare nationale Recht.

Artikel 32

Geschäfte mit nahe stehenden Unternehmen und Personen

Geschäfte mit nahe stehenden Unternehmen und Personen fallen unter die Vorschriften des anwendbaren nationalen Rechts zur Umsetzung der Richtlinien 78/660/EWG[26] und 83/349/EWG[27] des Rates.

Artikel 33

Vertretung der SPE gegenüber Dritten

---

[26] ABl. L 222 vom 14.8.1978, S. 11.
[27] ABl. L 193 vom 18.7.1983, S. 1.

1. Die SPE wird gegenüber Dritten durch ein oder mehrere Mitglied(er) der Unternehmensleitung vertreten. Handlungen der Mitglieder der Unternehmensleitung sind für die SPE verbindlich, auch wenn sie nicht zu den Gegenständen der SPE gehören.

2. In der Satzung der SPE kann vorgeschrieben werden, dass Mitglieder der Unternehmensleitung ihre allgemeine Vertretungsbefugnis gemeinsam wahrzunehmen haben. Jede weitere Beschränkung der Befugnisse der Mitglieder der Unternehmensleitung infolge der Satzung, eines Beschlusses der Anteilseigner oder einer Entscheidung des Leitungs- oder, falls vorhanden, des Aufsichtsorgans kann gegenüber Dritten nicht geltend gemacht werden, selbst wenn sie bekannt gemacht wurde.

3. Die Mitglieder der Unternehmensleitung können das Recht auf Vertretung der SPE im Sinne der Satzung entsprechend delegieren.

KAPITEL VI
ARBEITNEHMERMITBESTIMMUNG

Artikel 34
Allgemeine Bestimmungen

1. Vorbehaltlich der Bestimmungen dieses Artikels unterliegt die SPE den Regeln für Arbeitnehmermitbestimmung, die, falls vorhanden, in dem Mitgliedstaat anwendbar sind, in dem die SPE ihren eingetragenen Sitz hat.

2. Im Falle der Verlegung des eingetragenen Sitzes einer SPE findet Artikel 38 Anwendung.

3. Im Falle einer grenzübergreifenden Verschmelzung einer SPE mit einer in einem anderen Mitgliedstaat eingetragenen SPE oder sonstigen Gesellschaft finden die Vorschriften der Mitgliedstaaten zur Umsetzung der Richtlinie 2005/56/EG des Europäischen Parlaments und des Rates[28] Anwendung.

KAPITEL VII
VERLEGUNG DES EINGETRAGENEN SITZES DER SPE

Artikel 35
Allgemeine Bestimmungen

1. Der eingetragene Sitz einer SPE kann im Einklang mit diesem Kapitel in einen anderen Mitgliedstaat verlegt werden.

   Die Verlegung des eingetragenen Sitzes einer SPE führt nicht zur Liquidation der SPE oder einer Unterbrechung bzw. einem Verlust ihrer Rechtspersönlichkeit. Auch

---

[28] ABl. L 310 vom 25.11.2005, S. 1.

beeinträchtigt sie nicht die aus einem vor der Verlegung mit der SPE abgeschlossenen Vertrag herrührenden Rechte oder Verpflichtungen.

2. Absatz 1 findet nicht auf SPEs Anwendung, gegen die ein Verfahren wegen Auflösung, Liquidation, Insolvenz oder Zahlungseinstellung läuft oder gegen die von Seiten der zuständigen Behörden Präventivmaßnahmen zur Vermeidung der Einleitung derartiger Verfahren ergriffen wurden.

3. Eine Verlegung wird zum Zeitpunkt der Registrierung der SPE in dem Aufnahmemitgliedstaat gültig. Ab diesem Zeitpunkt wird die SPE in Bezug auf die unter Artikel 4 Absatz 2 genannten Punkte vom Recht des Aufnahmemitgliedstaats reguliert.

4. Für die Zwecke von Gerichts- oder Verwaltungsverfahren, die vor der Verlegung des eingetragenen Sitzes eingeleitet wurden, wird die SPE nach der Registrierung gemäß Absatz 3 als ihren eingetragenen Sitz im Herkunftsmitgliedstaat habend angesehen.

Artikel 36
Verlegungsverfahren

1. Das Leitungsorgan einer SPE, das eine Verlegung plant, erstellt einen Vorschlag für eine Verlegung, der zumindest die folgenden Angaben enthält:

   (a) Name der SPE und Anschrift des eingetragenen Sitzes im Herkunftsmitgliedstaat;

   (b) Name der SPE und Anschrift des vorgeschlagenen eingetragenen Sitzes im Aufnahmemitgliedstaat;

   (c) vorgeschlagene Satzung für die SPE im Aufnahmemitgliedstaat;

   (d) vorgeschlagener Zeitplan für die Verlegung;

   (e) vorgeschlagener Termin, ab dem die Geschäfte der SPE unter Rechnungslegungsaspekten als im Aufnahmemitgliedstaat getätigt angesehen werden;

   (f) Folgen der Verlegung für die Arbeitnehmer und für diese vorgeschlagene Maßnahmen;

   (g) gegebenenfalls detaillierte Informationen über die Verlegung der Hauptverwaltung oder der Hauptniederlassung der SPE.

2. Mindestens einen Monat vor der Fassung des in Absatz 4 genannten Beschlusses der Anteilseigner wird das Leitungsorgan der SPE

   (a) den Anteilseignern und den Arbeitnehmervertretern bzw. für den Fall, dass derlei Vertreter nicht vorhanden sind, den Arbeitnehmern und den Gläubigern der SPE den Vorschlag für die Verlegung zur Prüfung vorlegen;

(b) den Vorschlag für die Verlegung bekannt machen.

3. Das Leitungsorgan der SPE erstellt einen Bericht für die Anteilseigner, in dem die rechtlichen und wirtschaftlichen Aspekte der vorgeschlagenen Verlegung erläutert und begründet und die Auswirkungen der Verlegung für die Anteilseigner, die Gläubiger sowie die Arbeitnehmer im Einzelnen dargelegt werden. Der Bericht ist den Anteilseignern und den Arbeitnehmervertretern bzw. für den Fall, dass derlei Vertreter nicht vorhanden sind, den Arbeitnehmern selbst zusammen mit dem Vorschlag für die Verlegung vorzulegen.

Wird das Leitungsorgan rechtzeitig über die Haltung der Arbeitnehmervertreter zur Verlegung unterrichtet, informiert es die Anteilseigner darüber.

4. Der Vorschlag für die Verlegung wird den Anteilseignern gemäß den Bestimmungen der Satzung der SPE betreffend die Änderung der Satzung zur Genehmigung vorgelegt.

5. Wird in der SPE eine Form der Arbeitnehmermitbestimmung praktiziert, können sich die Anteilseigner das Recht vorbehalten, die Durchführung der Verlegung an ihre ausdrückliche Verabschiedung der Vereinbarungen über die Mitbestimmung der Arbeitnehmer im Aufnahmemitgliedstaat zu knüpfen.

6. Der Schutz von Minderheitsanteilseignern, die sich der Verlegung widersetzen, und von Gläubigern der SPE fällt unter die Rechtsvorschriften des Herkunftsmitgliedstaats.

Artikel 37

Überprüfung der Rechtsgültigkeit der Verlegung

1. Jeder Mitgliedstaat benennt eine zuständige Behörde, die die Rechtsgültigkeit der Verlegung durch Überprüfung der Einhaltung des in Artikel 36 genannten Verlegungsverfahrens zu kontrollieren hat.

2. Die zuständige Behörde des Herkunftsmitgliedstaats prüft unverzüglich, ob die Bestimmungen von Artikel 36 eingehalten wurden. Wenn dies der Fall ist, stellt sie eine Bescheinigung aus, in der bestätigt wird, dass alle Formalitäten des Verlegungsverfahrens im Herkunftsmitgliedstaat eingehalten wurden.

3. Binnen eines Monats nach Erhalt der in Absatz 2 genannten Bescheinigung legt die SPE der zuständigen Behörde des Aufnahmemitgliedstaats die folgenden Unterlagen vor:

(a) die in Absatz 2 genannte Bescheinigung;

(b) die vorgeschlagene Satzung für die SPE im Aufnahmemitgliedstaat, so wie sie von den Anteilseignern genehmigt wurde;

(c) den Vorschlag für die Verlegung in der von den Anteilseignern genehmigten Form.

Diese Unterlagen dürften zur Eintragung der SPE im Aufnahmemitgliedstaat ausreichend sein.

4. Die zuständige Behörde des Aufnahmemitgliedstaats überprüft binnen 14 Kalendertagen nach Erhalt der in Absatz 3 genannten Unterlagen, ob die inhaltlichen und formalen Bedingungen für die Verlegung des eingetragenen Sitzes erfüllt sind. Wenn dies der Fall ist, ergreift sie die zur Eintragung der SPE erforderlichen Maßnahmen.

5. Die zuständige Behörde des Aufnahmemitgliedstaats kann die Eintragung einer SPE nur dann verweigern, wenn die SPE nicht alle inhaltlichen oder formalen Bedingungen im Sinne dieses Kapitels erfüllt. Die SPE wird eingetragen, wenn sie alle in diesem Kapitel genannten Bedingungen erfüllt hat.

6. Unter Verwendung des Meldeformulars in Anhang II meldet die zuständige Behörde des Aufnahmemitgliedstaats der für die Streichung der SPE aus dem Herkunftslandregister zuständigen Behörde die Eintragung der SPE im Aufnahmemitgliedstaat.

   Die Streichung aus dem Register hat unmittelbar nach Erhalt der Meldung zu erfolgen, die allerdings abzuwarten ist.

7. Eintragungen im Aufnahmemitgliedstaat und Streichungen aus dem Register des Herkunftsmitgliedstaats sind bekannt zu machen.

Artikel 38

Vereinbarungen über die Mitbestimmung von Arbeitnehmern

1. In Bezug auf Vereinbarungen über die Mitbestimmung von Arbeitnehmern unterliegt die SPE ab dem Zeitpunkt ihrer Eintragung den geltenden Bestimmungen im Aufnahmemitgliedstaat.

2. Absatz 1 findet keine Anwendung, wenn die Arbeitnehmer der SPE im Herkunftsmitgliedstaat mindestens ein Drittel der Gesamtarbeitnehmer der SPE einschließlich Tochtergesellschaften oder Zweigniederlassungen der SPE in einem anderen Mitgliedstaat ausmachen und eine der nachfolgend genannten Bedingungen erfüllt ist:

   (a) die Rechtsvorschriften des Aufnahmemitgliedstaats schreiben nicht mindestens dasselbe Maß an Mitbestimmung wie bei der SPE im Herkunftsmitgliedstaat vor ihrer Eintragung im Aufnahmemitgliedstaat vor. Das Maß der Arbeitnehmermitbestimmung ist durch Bezugnahme auf den Anteil von Arbeitnehmervertretern unter den Mitgliedern des Verwaltungs- oder des Aufsichtsorgans oder ihrer Ausschüsse bzw. der Gruppe zu messen, die die Gewinn erwirtschaftenden Einheiten der SPE leitet, sofern eine Vertretung der Arbeitnehmer vorhanden ist;

   (b) die Rechtsvorschriften des Aufnahmemitgliedstaats gewähren den Arbeitnehmern von Einrichtungen der SPE, die in anderen Mitgliedstaaten belegen sind, nicht den gleichen Anspruch auf

Ausübung von Mitbestimmungsrechten wie diese ihn vor der Verlegung besaßen.

3. Ist eine der in Absatz 2 Buchstabe a oder b genannten Bedingungen erfüllt, ergreift das Leitungsorgan der SPE baldmöglichst nach Bekanntgabe des Vorschlags für die Verlegung die erforderlichen Maßnahmen, um Verhandlungen mit den Vertretern der Arbeitnehmer der SPE aufzunehmen und eine Vereinbarung über die Modalitäten der Mitbestimmung der Arbeitnehmer zu erzielen.

4. In der Vereinbarung zwischen dem Leitungsorgan der SPE und den Arbeitnehmervertretern wird Folgendes angegeben:

   (a) Geltungsbereich der Vereinbarung;

   (b) der Inhalt einer Vereinbarung über die Mitbestimmung für den Fall, dass die Parteien im Laufe der Verhandlungen beschließen, eine solche Vereinbarung in der SPE nach der Verlegung einzuführen, einschließlich (gegebenenfalls) der Zahl der Mitglieder des Verwaltungs- oder des Aufsichtsorgans der SPE, welche die Arbeitnehmer wählen oder bestellen können oder deren Bestellung sie empfehlen oder ablehnen können, der Verfahren, nach denen die Arbeitnehmer diese Mitglieder wählen oder bestellen oder deren Bestellung empfehlen oder ablehnen können, und der Rechte dieser Mitglieder;

   (c) der Zeitpunkt des Inkrafttretens der Vereinbarung und ihre Laufzeit sowie die Fälle, in denen die Vereinbarung neu ausgehandelt werden sollte, und das bei ihrer Neuaushandlung anzuwendende Verfahren.

5. Die Verhandlungen sind auf einen Zeitraum von sechs Monaten zu begrenzen. Die Parteien können sich darauf einigen, die Verhandlungen über diesen Zeitraum hinaus um weitere sechs Monate zu verlängern. Ansonsten fallen die Verhandlungen unter das Recht des Herkunftsmitgliedstaats.

6. Sollte keine Einigung erzielt werden, werden die Vereinbarungen über die Mitbestimmung im Herkunftsmitgliedstaat beibehalten.

KAPITEL VIII
UMSTRUKTURIERUNG, AUFLÖSUNG UND UNGÜLTIGKEIT

Artikel 39
Umstrukturierung

Die Umwandlung, Verschmelzung und Spaltung der SPE unterliegt dem anwendbaren nationalen Recht.

Artikel 40
Auflösung

1. Die SPE kann bei Eintreten der folgenden Umstände aufgelöst werden:

   (a) Ablauf des Zeitraums, für den sie gegründet wurde;

   (b) Beschluss der Anteilseigner;

   (c) Fälle, die im anwendbaren nationalen Recht festgeschrieben sind.

2. Die Auflösung unterliegt dem anwendbaren nationalen Recht.

3. Liquidation, Insolvenz, Zahlungseinstellung oder vergleichbare Verfahren unterliegen dem anwendbaren nationalen Recht sowie der Verordnung (EG) Nr. 1346/2000 des Rates[29].

4. Die Auflösung der SPE ist bekannt zu geben.

Artikel 41
Ungültigkeit

Die Ungültigkeit der SPE unterliegt dem anwendbaren nationalen Recht, mit dem Artikel 11 Absatz 1 Buchstabe a, b, c und e der Richtlinie 68/151/EWG umgesetzt wurde mit Ausnahme des Verweises in Buchstabe c von Artikel 11 Absatz 2 und Artikel 12 dieser Richtlinie auf den Gegenstand des Unternehmens.

KAPITEL IX
ZUSÄTZLICHE BESTIMMUNGEN UND ÜBERGANGSBESTIMMUNGEN

Artikel 42
Verwendung der Landeswährung

1. Mitgliedstaaten, in denen die dritte Phase der Wirtschafts- und Währungsunion (WWU) keine Anwendung findet, können SPEs mit eingetragenem Sitz in ihrem Hoheitsgebiet bitten, ihr Kapital in nationaler Währung anzugeben. Eine SPE kann ihr Kapital auch in Euro angeben. Als Umrechnungskurs nationale Währung/ Euro wird der Kurs zugrunde gelegt, der am letzten Tag des Monats vor der Eintragung der SPE galt.

2. Eine SPE kann ihren Jahresabschluss und gegebenenfalls ihren konsolidierten Abschluss in den Mitgliedstaaten, in denen in die dritte Phase der Wirtschafts- und Währungsunion (WWU) keine Anwendung findet, in Euro erstellen. Diese Mitgliedstaaten können der SPE allerdings auch vorschreiben, ihren Jahresabschluss und gegebenenfalls ihren konsolidierten Abschluss gemäß dem anwendbaren nationalen Recht in der nationalen Währung zu erstellen.

---

29 ABl. L 160 vom 30.6.2000, S. 1.

KAPITEL X
SCHLUSSBESTIMMUNGEN

Artikel 43
Wirksame Anwendung

Die Mitgliedstaaten treffen alle geeigneten Vorkehrungen, um das Wirksamwerden dieser Verordnung zu gewährleisten.

Artikel 44
Sanktionen

Die Mitgliedstaaten legen die Regeln für Sanktionen bei Verstößen gegen die Bestimmungen dieser Verordnung fest und treffen die erforderlichen Maßnahmen für deren Anwendung. Diese Sanktionen müssen wirksam, verhältnismäßig und abschreckend sein. Die Mitgliedstaaten teilen der Kommission diese Vorschriften bis spätestens 1. Juli 2010 mit und unterrichten sie unverzüglich über alle späteren Änderungen dieser Vorschriften.

Artikel 45
Meldung von Gesellschaften mit beschränkter Haftung

Die Mitgliedstaaten teilen der Kommission bis spätestens 1. Juli 2010 die Form von in Artikel 4 Absatz 2 genannten Gesellschaften mit beschränkter Haftung mit.

Die Kommission veröffentlicht die Angaben im *Amtsblatt der Europäischen Union.*

Artikel 46
Verpflichtungen der für die Register zuständigen Behörden

1. Die für die Führung der in Artikel 9 Absatz 1 genannten Register zuständigen Behörden teilen der Kommission vor dem 31. März jeden Jahres den Namen, den eingetragenen Sitz und die Registernummer der SPEs mit, die im Vorjahr im Register eingetragen bzw. aus diesem gestrichen wurden, sowie die Gesamtzahl der eingetragenen SPEs.

2. Die in Absatz 1 genannten Behörden arbeiten zusammen, um sicherzustellen, dass die in Artikel 10 Absatz 2 aufgelisteten Urkunden und Angaben der SPEs auch über die Register aller anderen Mitgliedstaaten zugänglich sind.

Artikel 47
Überprüfung

Die Kommission überprüft die Anwendung dieser Verordnung spätestens bis zum 30. Juni 2015.

Artikel 48

Inkrafttreten

Diese Verordnung tritt am zwanzigsten Tag nach ihrer Veröffentlichung im *Amtsblatt der Europäischen Union* in Kraft.

Sie gilt ab dem 1. Juli 2010.

Diese Verordnung ist in allen ihren Teilen verbindlich und gilt unmittelbar in jedem Mitgliedstaat.

Geschehen zu Brüssel am

In Namen des Rates
Der Präsident

ANHANG I

Die Satzung einer SPE muss zumindest Folgendes regeln:

Kapitel II - Gründung

- Name der SPE;
- Name und Anschrift der Gründungsgesellschafter der SPE und Nennwert bzw. rechnerische Pariwert der von den Anteilseignern gehaltenen Anteile;
- Gründungskapital der SPE.

Kapitel III - Anteile

- Angabe, ob eine Unterteilung, Konsolidierung oder Neudenominierung der Anteile statthaft ist und etwaige anwendbare Bestimmungen;
- geldliche und nicht geldliche an die Anteile (Anteilskategorien) gebundene Rechte und Verpflichtungen, insbesondere
- a) Beteiligung am Vermögen und an den Gewinnen des Unternehmens, falls vorhanden;
- b) an die Anteile der SPE gebundene Stimmrechte, falls vorhanden;
- Verfahren zur Genehmigung etwaiger Änderungen der an die Anteile (Anteilskategorien) gebundenen Rechte und Verpflichtungen und vorbehaltlich Artikel 14 Absatz 3 erforderliche Mehrheit der Stimmrechte;
- etwaige Bezugsrechte entweder bei Emission oder bei Übertragung der Anteile, falls vorhanden, und etwaige anwendbare Bestimmungen;
- Angabe, ob die Übertragung der Anteile eingeschränkt oder verboten ist, Einzelheiten der Einschränkung oder des Verbots, insbesondere die Form, die Frist, das anwendbare Verfahren und die im Falle des Todes oder der Auflösung eines Anteilseigners anwendbaren Regeln;
- Angabe, ob die Zustimmung zur Übertragung der Anteile seitens der SPE oder der Anteilseigner erforderlich ist oder ob die SPE oder die Anteilseigner bei der Übertragung der Anteile sonstige Rechte erhalten (z.B. Recht auf eine erste Ablehnung) und Angabe der Frist, binnen derer der Übertragende über den Beschluss zu informieren ist;
- Angabe, ob die Anteilseigner über Artikel 17 hinaus das Recht haben, von anderen Anteilseignern die Veräußerung ihrer Anteile zu verlangen und etwaige anwendbare Bestimmungen;
- Angabe, ob die Anteilseigner über Artikel 18 hinaus das Recht haben, ihre Anteile an andere Anteilseigner oder die SPE zu veräußern und etwaige anwendbare Bestimmungen.

Kapitel IV – Kapital

- Angabe des Geschäftsjahres der SPE und der Art und Weise möglicher Änderungen;

- Angabe, ob die SPE gehalten ist, Rücklagen zu bilden, und wenn ja, Angabe der Art der Rücklage, der Umstände, unter denen sie zu bilden ist und ob sie ausschüttungsfähig ist;

- Angabe, ob Sacheinlagen durch einen unabhängigen Sachverständigen zu bewerten sind und Angabe etwaiger Formalitäten, die diesbezüglich eingehalten werden müssen;

- Angabe des Zeitpunkts, zu dem die Zahlung oder die Bereitstellung des Entgelts zu erfolgen hat und Angabe der Bedingungen, die an eine derartige Zahlung oder Bereitstellung gebunden sind;

- Angabe der Tatsache, ob die SPE in der Lage ist oder nicht, finanzielle Unterstützung zu leisten, indem sie insbesondere Mittel vorstreckt, Darlehen vergibt oder Garantien schafft, wenn es um den Erwerb von Anteilen seitens eines Dritten geht;

- Angabe, ob Zwischendividenden gezahlt werden können und etwaige anwendbare Bestimmungen;

- Angabe, ob das Leitungsorgan gehalten ist, vor einer Ausschüttung eine Solvenzbescheinigung zu unterzeichnen und etwaige anwendbare Bestimmungen;

- Angabe des Verfahrens, das die SPE befolgen muss, um eine rechtswidrige Ausschüttung rückgängig zu machen;

- Angabe der Tatsache, ob der Erwerb eigener Anteile zulässig ist, und wenn ja, Angabe des zu befolgenden Verfahrens, einschließlich der Bedingungen, unter denen die Anteile gehalten, übertragen oder annulliert werden können;

- Angabe des Verfahrens für die Erhöhung, Herabsetzung oder sonstige Änderung des Gesellschaftskapitals und der etwaigen anwendbaren Bestimmungen.

Kapitel V - Organisation der SPE

- Angabe der Methode zur Annahme von Beschlüssen der Anteilseigner;

- vorbehaltlich der Bestimmungen dieser Verordnung Angabe der zur Verabschiedung von Beschlüssen der Anteilseigner erforderlichen Mehrheit;

- Angabe der von den Anteilseignern zu verabschiedenden Beschlüsse (zusätzlich zu den in Artikel 27 Absatz 1 genannten), der Beschlussfähigkeit und der erforderlichen Stimmrechtsmehrheit;

- vorbehaltlich der Artikel 21, 27 und 29, Angabe der Regeln für die Vorlage von Beschlüssen;

- Angabe der Zeitspanne und der Art und Weise, binnen derer bzw. auf die die Anteilseigner über Vorschläge für Beschlüsse der Anteilseigner zu informieren sind und Angabe von Hauptversammlungen, sofern in der Satzung Hauptversammlungen vorgesehen sind;

- Angabe der Art und Weise, auf die sich Anteilseigner den Text eines vorgeschlagenen Beschlusses der Anteilseigner und im Zusammenhang mit der Verabschiedung des Beschlusses stehende Vorbereitungsunterlagen beschaffen können;

- Angabe der Art und Weise, auf die Kopien verabschiedeter Beschlüsse den Anteilseignern zur Verfügung gestellt werden;

- sofern in der Satzung die Annahme einiger oder aller Beschlüsse auf einer Hauptversammlung vorgesehen ist, Angabe der Art und Weise der Einberufung der Hauptversammlung, der Arbeitsmethoden und der Regeln für die Abstimmung per Stimmrechtsvertretung;

- Angabe des Verfahrens und der Fristen für die SPE, auf Anfragen der Anteilseigner nach Informationen, die Gewährung des Zugangs zu Unterlagen der SPE und nach Bekanntgabe von Beschlüssen, die von den Anteilseignern verabschiedet wurden;

- Angabe, ob sich das Leitungsorgan der SPE aus einem oder mehreren Mitgliedern der Unternehmensleitung, einem Leitungsgremium (dualistisches System) oder Verwaltungsgremium (monistisches System) zusammensetzt;

- im Falle eines Verwaltungsgremiums (monistisches System) Angabe seiner Zusammensetzung und seiner Organisation;

- im Falle eines Leitungsgremiums (dualistisches System) Angabe seiner Zusammensetzung und seiner Organisation;

- im Falle eines Leitungsgremiums (dualistisches System) oder eines oder mehrerer Mitglieder der Unternehmensleitung Angabe, ob die SPE ein Aufsichtsorgan hat und wenn ja, Angabe seiner Zusammensetzung und seiner Beziehung zum Leitungsorgan;

- Angabe etwaiger Auswahlkriterien für Mitglieder der Unternehmensleitung;

- Angabe des Verfahrens für die Bestellung und die Abberufung von Mitgliedern der Unternehmensleitung;

- Angabe der Tatsache, ob die SPE einen Abschlussprüfer hat und ob die Satzung vorsieht, dass die SPE einen solchen Abschlussprüfer haben sollte, das Verfahren für seine Bestellung, seine Abberufung und seinen Rücktritt;

- Angabe etwaiger sonstiger spezifischer Aufgaben von Mitgliedern der Unternehmensleitung, die nicht in dieser Verordnung genannt werden;

- Angabe, ob Situationen, die einen durch einen Mitglied der Unternehmensleitung verursachten aktuellen oder potenziellen Interessenkonflikt beinhalten, zugelassen werden können und wenn ja, Angabe der Person, die einen solchen Konflikt zulassen kann und Angabe der anwendbaren Bestimmungen und Verfahren für die Zulassung eines solchen Konflikts;

- Angabe, ob die in Artikel 32 genannten Geschäfte mit nahe stehenden Unternehmen und Personen genehmigt werden müssen und Angabe der anwendbaren Bestimmungen;

- Angabe der Regeln für die Vertretung der SPE durch das Leitungsorgan, insbesondere der Tatsache, ob die Mitglieder der Unternehmensleitung berechtigt sind, die SPE gemeinsam oder allein zu vertreten und ob dieses Recht delegiert werden kann;

- Angabe der Regeln für die Delegierung der Befugnisse des Leitungsorgans an eine andere Person.

ANHANG II

MELDEFORMULAR FÜR DIE REGISTRIERUNG DER VERLEGUNG DES EINGETRAGENEN SITZES EINER SPE

MITTEILUNG

der Registrierung der Verlegung des eingetragenen Sitzes einer Europäischen Privatgesellschaft (SPE)

[Name und Anschrift des neuen Registers/ der zuständigen Behörde]

unterrichtet hiermit

[Name und Anschrift des alten Registers/ der zuständigen Behörde],

dass die folgende Verlegung des eingetragenen Sitzes einer SPE in das Register aufgenommen wurde:

[Name der SPE]

[Neuer eingetragener Sitz der SPE]

[Neue Registernummer]

[Datum der Registrierung der Sitzverlegung]

Im Einklang mit der Verordnung …über das Statut der Europäischen Privatgesellschaft wird die folgende SPE aus ihrem alten Register nach Erhalt dieser Meldung gestrichen:

[Name der SPE]

[Alter eingetragener Sitz der SPE]

[Alte Registernummer]

Geschehen zu am […]

[unterzeichnet]

Literaturverzeichnis

Adams, Michael — Ökonomische Theorie des Rechts – Konzepte und Anwendungen, 2. Aufl., Frankfurt a.M. 2004. Zitiert: *Adams*, Ökonomische Theorie.

Alchian, Armen; Demsetz, Harold — Production, information costs, and economic organization, 62 American Economic Review (1972) 777-795.

Allen, William; Kraakman, Reinier; Subramanian, Guhan — Commentaries and Cases on the Law of Business Organization, 2. Aufl., New York 2007. Zitiert: *Allen/Kraakman/Subramanian*, Business Organization.

Arbeitsgruppe Europäisches Gesellschaftsrecht — Zur Entwicklung des Europäischen Gesellschaftsrechts: Stellungnahme der Arbeitsgruppe Europäisches Gesellschaftsrecht zum Report der High Level Group of Company Law Experts on a modern Regulatory Framework for Company Law in Europe, ZIP 2003, 863-880.

Armour, John — Share Capital and Creditor Protection: Efficient Rules for a Modern Company Law, 63 Modern Law Review (2000) 355-378.

Ders. — Legal Capital: An Outdated Concept?, EBOR 2006, 5-27.

Arnold, Arnd — Zur Ökonomischen Theorie des Solvenztests, Der Konzern 2007, 118-125.

Baetge, Jörg; Kirsch, Hans-Jürgen; Thiele, Stefan — Bilanzen, 7. Aufl., Düsseldorf 2003. Zitiert: *Baetge/Kirsch/Thiele*, Bilanzen.

Bainbridge, Stephen — Corporation Law and Economics, New York 2002. Zitiert: *Bainbridge*, Corporation Law.

Baldamus, Ernst-August — Reform der Kapitalrichtlinie, Köln 2002. Zitiert: *Baldamus*, Reform.

Ballwieser, Wolfgang — Gläubigerschutz durch bilanzielle Kapitalerhaltung, Der Konzern 2007, 419-421.

Bauer, Markus — Gläubigerschutz durch eine formelle Nennkapitalziffer – Kapitalgesellschaftsrechtliche Notwendigkeit oder überholtes Konzept?, Frankfurt a.M. 1995. Zitiert: *Bauer*, Gläubigerschutz.

Baumbach, Adolf; Hueck, Alfred (Hrsg.) — Kommentar zum GmbH-Gesetz, 18. Aufl., München 2006. Zitiert: *Autor*, in: Baumbach/Hueck, GmbHG.

Bebchuk, Lucian; Fried, Jesse The Uneasy Case for the Priority of Secured Claims in Bankruptcy, 105 Yale L.J. (1996) 857-934.

Behrens, Peter (Hrsg.) Die Gesellschaft mit beschränkter Haftung im internationalen und europäischen Recht, 2. Aufl., Berlin 1997.
Zitiert: *Autor,* in: Behrens, GmbH.

Berk, Jonathan; DeMarzo, Peter Corporate Finance – The Core, Boston 2009.
Zitiert: *Berk/DeMarzo*, The Core.

Dies. Corporate Finance, Boston 2007.
Zitiert: *Berk/DeMarzo*, Corporate Finance.

Bezzenberger, Tilman Das Kapital der Aktiengesellschaft, Köln 2005.
Zitiert: *Bezzenberger*, Kapital.

Blaurock, Uwe Mindestkapital und Haftung bei der GmbH, in: Damm, Reinhard u.a. (Hrsg.), Festschrift für Thomas Raiser zum 70. Geburtstag am 20. Februar 2005, Berlin 2005, S. 3-22.
Zitiert: *Blaurock*, in: FS Raiser.

Böcking, Hans-Joachim; Dutzi, Andreas Zur Notwendigkeit eines zusätzlichen Solvenztests, Der Konzern 2007, 435-441.

Boucourechliev, Jeanne; Hommelhoff, Peter Vorschläge für eine Europäische Privatgesellschaft, Strukturelemente einer kapitalmarktfernen europäischen Gesellschaftsform nebst Entwurf für eine EPG-Verordnung der Europäischen Gemeinschaft; Köln 1999.
Zitiert: *Boucourechliev/Hommelhoff*, Vorschläge.

Buchmann, Tobias Umsetzung vollharmonisierender Richtlinien: Zugleich ein Beitrag zur Normkonkretisierung im Anwendungsbereich des Lamfalussy-Verfahrens, Augsburg 2008.
Zitiert: *Buchmann*, Richtlinien.

Bürger, Andreas Die Kapitalaufbringung in der Europäischen Privatgesellschaft: zugleich ein Rechtsvergleich der Kapitalaufbringung nach deutschem, französischem und englischem Recht, Marburg 2004.
Zitiert: *Bürger*, Kapitalaufbringung in der EPG.

Büschgen, Hans (Hrsg.) Handwörterbuch der Finanzwirtschaft, 2. Aufl., Stuttgart 1976.
Zitiert: *Autor*, in: Büschgen, Hdb. Finanzwirtschaft.

Busse von Colbe, Walther Aufbau und Informationsgehalt von Kapitalflussrechnungen, ZfbF 1966, 82-114.

Ders. Kapitalflussrechnungen als Berichts- und Planungsinstrument, in: Jacob, Herbert (Hrsg.), Kapitaldisposition, Kapitalflussrechnung und Liquiditätspolitik, Wiesbaden 1968, S. 9-28.
Zitiert: *Busse v. Colbe*, in: Jacob, Kapitaldisposition.

Callies, Christian (Hrsg.) Kommentar zum EUV/EGV: Das Verfassungsrecht der Europäischen Union mit Grundrechtecharta, 3. Aufl., München 2007.
Zitiert: *Autor*, in: Callies, EUV/EGV.

Claussen, Carsten Die GmbH braucht eine Deregulierung des Kapitalersatzrechts, GmbHR 1996, 316-327.

Coase, Ronald The Problem of Social Cost, 3 Journal of Law and Economics (1960) 1-44.

Davies, Paul Directors' Creditor-Regarding Duties in Respect of Trading Decisions Taken in the Vicinity of Insolvency, EBOR 2006, 301-337.

Dejmek, Paulina Das künftige Europa und die Europäische Privatgesellschaft, NZG 2001, 878-884.

Ditz, Xaver Internationale Gewinnabgrenzung bei Betriebsstätten und nationale Gewinnermittlungsvorschriften im Lichte aktueller Entwicklungen bei der OECD, IStR 2005, 37-43.

Drukarczyk, Jochen Kapitalerhaltungsrecht, Überschuldung und Konsistenz, WM 1994, 1737-1746.

Ders.; Schüler, Andreas Unternehmensbewertung, 5. Aufl., München 2007.
Zitiert: *Drukarczyk/Schüler*, Unternehmensbewertung.

Drygala, Tim Stammkapital heute – Zum veränderten Verständnis vom System des festen Kapitals und seinen Konsequenzen, ZGR 2006, 587-637.

Easterbrook, Frank; Fischel, Daniel Limited Liability and the Corporation, 52 U. Chi. L. Rev. 89-117 (1985).

Dies. The economic structure of corporate law, 4. Aufl., Harvard 1998.
Zitiert: *Easterbrook/Fischel*, Economic Structure.

Ehricke, Ulrich — Anforderungsprofil an eine Europäische Privatgesellschaft, die Einsatzmöglichkeiten und ihre gesellschaftsvertragliche Ausgestaltung nach dem Statut, in: Hommelhoff, Peter; Helms, Dietmar (Hrsg.), Neue Wege in die Europäische Privatgesellschaft, Köln 2001, S. 17-78.
Zitiert: *Ehricke*, in: Hommelhoff/Helms, Neue Wege.

Eidenmüller, Horst; Engert, Andreas — Die angemessene Höhe des Grundkapitals der Aktiengesellschaft, AG 2005, 97-108.

Eisenberg, Melvin — Corporations and other Business Organizations – Statutes, Rules, Materials, and Forms, New York 2006.
Zitiert: *Eisenberg*, Statutes.

Ekkenga, Jens — Einzelabschlüsse nach IFRS – Ende der aktien- und GmbH-rechtlichen Kapitalerhaltung?, AG 2006, 389-397.

Ellrott, Helmut u.a. (Hrsg.) — Beck'scher Bilanz-Kommentar, Handels- und Steuerbilanz, §§ 239 bis 339, 342 bis 342e HGB mit EGHGB und IAS/IFRS-Abweichungen, 6. Aufl., München 2006.
Zitiert: *Autor*, in: Beck'scher Bilanzkomm.

Emanuel, Steven — Corporations, New York 2005.
Zitiert: *Emanuel*, Corporations.

Engert, Andreas — Solvenzanforderungen als gesetzliche Ausschüttungssperre bei Kapitalgesellschaften, ZHR 2006, 296-335.

Ders. — Die Wirksamkeit des Gläubigerschutzes durch Nennkapital – Überprüfung anhand von Daten der Creditreform Rating AG und weiteren Rechtstatsachen, GmbHR 2007, 337-344.

Enriques, Luca; Macey, Jonathan — Creditors versus Capital Formation: the Case against the European Legal Capital Rules, 86 Cornell Law Review (2001) 1165-1204.

Ewert, Ralf; Wagenhofer, Alfred — Unternehmenspublizität und Konkurrenzwirkungen, ZfB 1992, 297-310.

Fastrich, Lorenz — Optimierung des Gläubigerschutzes bei der GmbH - Praktikabilität und Effizienz, DStR 2006, 656-663.

Federmann, Rudolf — Bilanzierung nach Handelsrecht und Steuerrecht, 11. Aufl., Berlin 2000.
Zitiert: *Federmann*, Bilanzierung.

Ferran, Eilís — Principles of Corporate Finance Law, Oxford 2008.
Zitiert: *Ferran*, Corporate Finance.

Fleischer, Holger — Gläubigerschutz in der kleinen Kapitalgesellschaft: Deutsche GmbH versus englische private limited company, DStR 2000, 1015-1021.

Ders. — Legal Capital: A Navigation System for Corporate Law Scholarschip, EBOR 2006, 30-38.

Ders. — Die „Business Judgment Rule" im Spiegel von Rechtsvergleichung und Rechtsökonomie, in: Wank, Rolf u.a. (Hrsg.), Festschrift für Herbert Wiedemann zum 70. Geburtstag, München 2002, S. 827-849.
Zitiert: *Fleischer*, in: FS Wiedemann.

Ders. — Legal Transplants im deutschen Aktienrecht, NZG 2004, 1129-1137.

Fleischer, Klaus — Die aktienrechtliche Rechnungslegung als Informationsinstrument der finanziellen Lage der Unternehmung, Frankfurt a.M. 1987.
Zitiert: *Fleischer*, Rechnungslegung.

Flume, Werner — Die juristische Person, Berlin 1983.
Zitiert: *Flume*, Juristische Person.

Freidank, Carl-Christian; Velte, Patrick — Rechnungslegung und Rechnungslegungspolitik, eine Einführung aus handels-, steuerrechtlicher und internationaler Sicht in die Rechnungslegung und Rechnungslegungspolitik von Einzelunternehmen, Personenhandels- und Kapitalgesellschaften, Stuttgart 2007.
Zitiert: *Freidank/Velte*, Rechnungslegung.

Frenz, Walter — Handbuch Europarecht, Band 1, Europäische Grundfreiheiten, Berlin 2004.
Zitiert: *Frenz*, Grundfreiheiten.

Fuchs, Markus; Stibi, Bernd — Solvenztests als Grundlage der Ausschüttungsbemessung – Anforderungen und betriebswirtschaftliche Gestaltungsmöglichkeiten, BB 2007, 19-24.

Dies. — Reform des Gläubigerschutzes durch Kapitalerhaltung? Problembereiche eines Systemwandels der Ausschüttungsbemessung, BB 2007, 93-98.

Gower, Paul; Davies, Paul — Gower and Davies' Principles of modern company law, 7. Aufl., London 2003.
Zitiert: *Gower/Davies*, Principles.

Haas, Ulrich — Reform des gesellschaftsrechtlichen Gläubigerschutzes, Gutachten E für den 66. Deutschen Juristentag, München 2006.
Zitiert: *Haas*, Gutachten 66. DJT.

Ders. — Gläubigerschutz in der Europäischen Privatgesellschaft – ein Überblick, in: Hommelhoff, Peter; Helms, Dietmar (Hrsg.), Neue Wege in die Europäische Privatgesellschaft, Köln 2001, S. 155-200.
Zitiert: *Haas*, in: Hommelhoff/Helms, Neue Wege.

Habersack, Mathias — Europäisches Gesellschaftsrecht, 2. Aufl., München 2003.
Zitiert: *Habersack*, Europäisches GesR.

Halpern, Paul; Trebilcock, Michael; Turnbull, Stuart — An Economic Analysis of Limited Liability in Corporation Law, 30 U. Toronto L.J. (1980) 117-150.

Hamilton, Robert — The Law of Corporations, 5. Aufl., St. Paul 2000.
Zitiert: *Hamilton*, Corporations.

Hansmann, Henry; Kraakman, Reinier — The Essential Role of Organizational Law, 110 Yale L.J. (2000) 387-344.

Harris, Milton; Raviv, Artur — Capital Structure and the Informational Role of Debt, 45 Journal of Finance (1990) 321-349.

Heaton, John — Legal Solvency Tests and Financial Economics, The Journal of Risk Finance 2002, 57-62.

Heidinger, Andreas — Der Kapitalschutz der GmbH auf dem Prüfstand, DNotZ 2005, 97-119.

Helms, Dietmar — Die Europäische Privatgesellschaft, Köln 1998.
Zitiert: *Helms*, EPG.

Hennrichs, Joachim — Zur Zukunft der Kapitalerhaltung: Bilanztest - Solvenztest – oder beides?, Der Konzern 2008, 42-50.

Ders. — Bilanzgestützte Kapitalerhaltung, HGB-Jahresabschuss und Maßgeblichkeitsprinzip – Dinosaurier der Rechtsgeschichte?, StuW 2005, 256-264.

Heuser, Paul; Theile, Carsten — IFRS-Handbuch: Einzel- und Konzernabschluss, 3. Aufl., Köln 2007.
Zitiert: *Heuser/Theile*, IFRS.

Hillmer, Hans-Jürgen — IFRS: Auswirkungen auf Rechnungslegung und Besteuerung im Mittelstand – Tagungsbericht zu den Nürnberger Steuergesprächen vom 18.06.2007, KoR 2007, 490-495.

Hirte, Heribert — Kapitalschutz (Gläubiger- und Eignerschutz) im Europäischen Recht, in: Grundmann, Stefan (Hrsg.), Systembildung und Systemlücken in Kerngebieten des Europäischen Privatrechts, Tübingen 2000.
Zitiert: *Hirte*, in: Grundmann, Systembildung.

Hommelhoff, Peter — Die „Europäische Privatgesellschaft“ am Beginn ihrer Normierung, Bonn 2008.
Zitiert: *Hommelhoff*, Normierungsbeginn.

Hommelhoff, Peter; Helms, Dietmar — Grundlagen und konzeptionelle Fragen in der Europäischen Privatgesellschaft, in: Hommelhoff, Peter; Helms, Dietmar (Hrsg.), Neue Wege in die Europäische Privatgesellschaft, Köln 2001, S. 1-14.
Zitiert: *Hommelhoff/Helms*, in: Hommelhoff/Helms, Neue Wege.

Hommelhoff, Peter; Teichmann, Christoph — Auf dem Weg zur Europäischen Privatgesellschaft, DStR 2008, 925-933.

Hopt, Klaus — Gesellschaftsrecht im Wandel, in: Wank, Ralf u.a. (Hrsg.), Festschrift für Herbert Wiedemann zum 70. Geburtstag, München 2002, S. 1013-1032.
Zitiert: *Hopt*, in: FS Wiedemann.

Horváth, Péter — Controlling, 10. Aufl., München 2006.
Zitiert: *Horváth*, Controlling.

Hueck, Götz; Windbichler, Christine — Gesellschaftsrecht, 20. Aufl., München 2003.
Zitiert: *Hueck/Windbichler*, Gesellschaftsrecht.

Immenga, Ulrich — Die personalistische Kapitalgesellschaft: eine rechtsvergleichende Untersuchung nach deutschem GmbH-Recht und dem Recht der Corporations in der Vereinigten Staaten, Bad Homburg 1970.
Zitiert: *Immenga*, Kapitalgesellschaft.

Jensen, Michael — Agency Costs of Free Cashflow, Corporate Finance, and Takeovers, 76 American Economic Review (1986) 323-329.

Jungmann, Carsten — Solvenztest versus Kapitalschutzregeln – Zwei Systeme im Spannungsfeld von Gläubigerschutz und Finanzierungsfreiheit der Kapitalgesellschaft, ZGR 2006, 638-682.

Kahle, Holger — Steuerliche Gewinnermittlung unter dem Einfluss der IAS/IFRS, IRZ 2006, 87-94.

Kahle, Holger; Dahlke, Andreas — IFRS für mittelständische Unternehmen?, DStR 2007, 313-318.

Kaiser, Martin — Die Europäische Privatgesellschaft und die spanische Sociedad de Responsabilidad Limitada: rechtsvergleichende Untersuchung mit Schwerpunkt im Bereich des Gläubigerschutzes, Baden-Baden 2008.
Zitiert: *Kaiser*, EPG und SRL.

Graf von Kanitz, Friedrich — Bilanzkunde für Juristen, München 2006.
Zitiert: *Kanitz*, Bilanzkunde.

Kirchhof, Hans-Peter; Lwowski, Hans-Jürgen; Stürner, Rolf (Hrsg.) — Münchener Kommentar zur Insolvenzordnung, Band 1, §§ 1-102 InsO, München 2001.
Zitiert: MüKoInsO-*Autor*.

Kirsch, Hanno — Perspektiven der landesrechtlichen Rechnungslegung und der steuerlichen Gewinnermittlung im Zuge der Internationalisierung der Rechnungslegung, DStR 2006, 1198-1203.

Kleindiek, Detlef — Krisenvermeidung in der GmbH: Gesetzliches Mindestkapital, Kapitalschutz und Eigenkapitalersatz, ZGR 2006, 335, 365.

Klose-Mokroß, Lydia — Gläubigerschutz im Kapitalgesellschaftsrecht am Beispiel der Lehre von der verdeckten Sacheinlage, Frankfurt a.M. 1997.
Zitiert: *Klose-Mokroß*, Gläubigerschutz.

Knof, Béla — Die neue Insolvenzverursachungshaftung nach § 64 Satz 3 RegE-GmbHG (Teil I), DStR 2007, 1536-1542.

Ders. — Die neue Insolvenzverursachungshaftung nach § 64 Satz 3 RegE-GmbHG (Teil II), DStR 2007, 1580-1586.

Koch, Angela — Die Abkehr von der „bilanziellen" Betrachtungsweise und ihre Auswirkungen auf die Existenzvernichtungshaftung, Frankfurt a.M. 2007.
Zitiert: *Koch*, Abkehr.

Koll-Möllenhoff, Rainer — Das Prinzip des festen Grundkapitals im europäischen Gesellschaftsrecht : Kapitalaufbringung und -erhaltung im EU-Recht und in den Rechten Deutschlands, Frankreichs und Englands, Baden-Baden 2005.
Zitiert: *Koll-Möllenhoff*, Grundkapital.

Kraakman, Reinier — Concluding Remarks on Creditor Protection, EBOR 2006, 465-471.

Ders. u.a. (Hrsg.) — The Anatomy of Corporate Law, Oxford 2004.
Zitiert: *Autor*, in: Kraakman u.a., Anatomy.

Kübler, Friedrich Institutioneller Gläubigerschutz oder Kapitalmarkttransparenz?, ZHR 1995, 550-566.

Ders. Haftungstrennung und Gläubigerschutz im Recht der Kapitalgesellschaften – Zur Kritik der „Autokran“-Doktrin des Bundesgerichtshofes, in: Kübler, Friedrich (Hrsg.), Festschrift für Theodor Heinsius zum 65. Geburtstag am 25. September 1991, Berlin 1991.
Zitiert: *Kübler*, in: FS Heinsius.

Ders. Unternehmensfinanzierung und gesetzliches Garantiekapital in Europa, AG 1998, 345.

Ders. A Comparative Approach to Capital Maintenance: Germany, EBLR 2004, 1030-1035.

Kümpel, Siegfrid; Veil, Rüdiger Wertpapierhandelsgesetz – Eine systematische Darstellung, 2. Aufl., Berlin 2006.
Zitiert: *Kümpel/Veil*, WpHG.

Küting, Karlheinz; Brakensiek, Sonja IASC, FASB und DRSC – Ein Kurzporträt dreier Standard Setter, BB 1999, 678-682.

Kuhner, Christoph Zur Zukunft der Kapitalerhaltung durch bilanzielle Ausschüttungssperren im Gesellschaftsrecht der Staaten Europas, ZGR 2005, 753-787.

Kulms, Rainer Die US-amerikanische Limited Liability Company – Vorbild für eine deregulierte GmbH?, ZVglRWiss 2003, 272-287.

Kummert, Richard State Statutory Restrictions on Financial Distributions by Corporations to Shareholders, 55 Wash. L. Rev. (1980) 359-404.

Lanfermann, Georg; Richard, Marc Kapitalschutz der Europäischen Privatgesellschaft, BB 2008, 1610-1614.

Lanfermann, Georg; Röhricht, Victoria Stand der europäischen Diskussion zur Kapitalerhaltung, BB-Special 5/2007, S. 8-13.

Lecourt, Benoît Synthèse des réponses à la consultation sur la société privée européenne, Revue des sociétés 2008, 204.

LoPucki, Lynn The Unsecured Creditor’s Bargain, 80 Virginia Law Rev. (1994) 1887-1963.

Lumby, Steve; Jones, Christopher Corporate Finance: Theory and Practice, 7. Aufl., London 2003.
Zitiert: *Lumby/Jones*, Corporate Finance.

Lutter, Marcus Gesetzliches Garantiekapital als Problem europäischer und deutscher Rechtspolitik, AG 1998, 375-377.

Ders. Kapital, Sicherung der Kapitalaufbringung und Kapitalerhaltung in den Aktien- und GmbH-Rechten der EWG: eine Untersuchung zur Ausfüllung von Artikel 54 Absatz 3 lit. g des Vertrages über die Errichtung einer Europäischen Wirtschaftsgemeinschaft, Karlsruhe 1964.
Zitiert: *Lutter*, Kapital.

Ders. Gesetzliches Garantiekapital als Problem europäischer und deutscher Rechtspolitik, AG 1998, 375-377.

Ders. Das (feste Grund-)Kapital der Aktiengesellschaft in Europa – Zusammenfassung der Überlegungen des Arbeitskreises „Kapital in Europa", in: Lutter, Marcus (Hrsg.), Das Kapital der Aktiengesellschaft in Europa, ZGR Sonderheft 17/2006, S. 1-16.
Zitiert: *Lutter*, in: Lutter, Kapital in Europa.

Ders.; Hommelhoff, Peter (Hrsg.) Kommentar zum GmbH-Gesetz, 16. Aufl., Köln 2004.
Zitiert: *Autor*, in: Lutter/Hommelhoff.

Maksimovic, Predrag Der Kapitalschutz im europäischen, serbischen und deutschen Recht der Gesellschaft mit beschränkter Haftung, Frankfurt a.M. 2007.
Zitiert: *Maksimovic*, Kapitalschutz.

Manning, Bayless; Hanks, James Legal Capital, 3. Aufl., New York 1990.
Zitiert: *Manning/Hanks*, Legal Capital.

Marx, Philip Der Solvenztest zur Regulierung von Ausschüttungen im amerikanischen Recht, DZWir 2006, 401-406.

Ders. Der Solvenztest als Alternative zur Kapitalerhaltung in der Aktiengesellschaft, Baden-Baden 2006.
Zitiert: *Marx*, Solvenztest.

Maul, Silja; Röhricht, Victoria Die Europäische Privatgesellschaft – Überblick über eine neue supranationale Rechtsform, BB 2008, 1574-1579.

McCahery, Joseph Creditor Protection in a Cross-Border Context, EBOR 2006, 455-459.

Meeh, Gunther; Sattler, Wolfgang Basel II: Entwarnung für Kreditnehmer, gleichzeitig neue Herausforderungen!, DStR 2005, 1545-1549.

Megginson, William; Smart, Scott — Introduction to Corporate Finance, Cincinatti 2006. Zitiert: *Megginson/Smart*, Corporate Finance.

Merkt, Hanno — Der Kapitalschutz in Europa – ein rocher de bronze?, ZGR 2004, 305-323.

Ders. — Creditor Protection and Capital Maintenance from a German Perspective, EBLR 2004, 1045-1057.

Ders.; Göthel, Stephan — US-amerikanisches Gesellschaftsrecht, 2. Aufl., Frankfurt a.M. 2006. Zitiert: *Merkt/Göthel*, US-GesR.

Merschmeyer, Marc — Die Kapitalschutzfunktion des Jahresabschlusses und Übernahme der IAS/IFRS für die Einzelbilanz, Köln 2004. Zitiert: *Merschmeyer*, Kapitalschutzfunktion.

Meyer, Justus — Haftungsbeschränkung im Recht der Handelsgesellschaften, Dresden 2000. Zitiert: *Meyer*, Haftungsbeschränkung.

Micheler, Eva — Gläubigerschutz im englischen Gesellschaftsrecht – Reformvorschläge mit Implikationen für Europa, ZGR 2004, 324-347.

Modigliani, Franco; Miller, Merton — The Cost of Capital, Corporation Finance and the Theory of Investment, 48 American Economic Review (1958) 261-297.

Möllers, Thomas — Europäische Methoden- und Gesetzgebungslehre im Kapitalmarktrecht – Vollharmonisierung, Generalklauseln und soft law im Rahmen des Lamfalussy-Verfahrens als Mittel zur Etablierung von Standards, ZEuP 2008, Heft 3 (im Erscheinen). Volltext online abrufbar unter: http://www.jura.uni-auburg.de/prof/moellers/materialien/5_kapitalmarktrecht/110_lamfalussy_prozess-/lamfalussy_pdfs/Europ__ische_Methoden-_und_Gesetzgebungslehre_im_Kapitalmarktrecht.pdf.

Moxter, Adolf — Einführung in die Bilanztheorie, Band 1, 3. Aufl., Wiesbaden 1984. Zitiert: *Moxter*, Bilanztheorie, Bd. 1.

Ders. — Über Bilanztheorien, in: Kirsch, Hans-Jürgen; Thiele, Jörg (Hrsg.), Rechnungslegung und Wirtschaftsprüfung. Festschrift zum 70. Geburtstag von Jörg Baetge, Düsseldorf 2007, S. 405-417. Zitiert: *Moxter*, in: FS Baetge.

Ders. Grundwertungen in Bilanzrechtsordnungen – ein Vergleich von überkommenem deutschen Bilanzrecht und Jahresabschlussrichtlinie, in: Budde, Heinrich u.a. (Hrsg.), Handelsbilanzen und Steuerbilanzen, Festschrift zum 70. Geburtstag von Prof. Dr. h. c. Heinrich Beisse, Düsseldorf 1997, S. 347-363.
Zitiert: *Moxter*, in: FS Beisse.

Müchler, Thomas Der Solvenzbericht: Ein Informationsinstrument zur Verbesserung des Gläubigerschutzes im Insolvenzverfahren, Frankfurt a.M. 1993.
Zitiert: *Müchler*, Der Solvenzbericht.

Mülbert, Peter A Synthetic View of Different Concepts of Creditor Protection, or: A High-Level Framework for Corporate Creditor Protection, EBOR 2006, 357-408.

Ders.; Birke, Max Legal Capital – Is There a Case against the European Legal Capital Rules?, EBOR 2002, 695-732.

Müller, Welf; Hense, Burkhard (Hrsg.) Beck'sches Handbuch der GmbH: Gesellschaftsrecht – Steuerrecht, München 1995.
Zitiert: Beck GmbH-HB/*Autor*.

Müller-Conen, Claudia KMU in Europa – Analyse europäischer Gesellschaftsrechtsformen und ihre Eignung für die Praxis, Saarbrücken 2007.
Zitiert: *Müller-Conen*, KMU.

Naumann, Klaus-Peter Fortentwicklung des handelsrechtlichen Rechnungslegung und Konsequenzen für die Kapitalerhaltung, Der Konzern 2007, 422-426.

Ders. Neukonzeption der Kapitalerhaltung und IFRS-Anwendung im Jahresabschluss?, in: Kirsch, Hans-Jürgen; Thiele, Jörg (Hrsg.), Rechnungslegung und Wirtschaftsprüfung. Festschrift zum 70. Geburtstag von Jörg Baetge, Düsseldorf 2007, S. 419-445.
Zitiert: *Naumann*, in: FS Baetge.

Neye, Hans-Werner; Timm, Birte Mehr Mobilität für die GmbH in Europa – Das neue Recht der grenzüberschreitenden Verschmelzung, GmbHR 2007, 561-565.

Otte, Sabine Das Kapitalschutzsystem der englischen private limited company im Vergleich zur deutschen GmbH, Hamburg 2006.
Zitiert: *Otte*, Kapitalschutz.

Palmiter, Alan — Corporations. Examples and Explanations, 4. Aufl. New York 2003.
Zitiert: *Palmiter*, Corporations.

Pellens, Bernhard — Internationale Rechnungslegung, 4. Aufl., Stuttgart 2001.
Zitiert: *Pellens*, Internationale Rechnungslegung.

Ders.; Jödicke, Dirk; Schmidt, André — Reformbestrebungen zum Gläubigerschutz, Der Konzern 2007, 427-435.

Ders.; Crasselt, Nils; Sellhorn, Thorsten — Solvenztest zur Ausschüttungsbemessung - Berücksichtigung unsicherer Zukunftserwartungen, zfbf 2007, 264-283.

Ders.; Jödicke, Dirk; Richard, Marc — Solvenztest als Alternative zur bilanziellen Kapitalerhaltung?, DB 2005, 1393-1401.

Ders.; Sellhorn, Thorsten — Zukunft des bilanziellen Kapitalschutzes, in: Lutter, Marcus (Hrsg.), Das Kapital der Aktiengesellschaft in Europa, ZGR Sonderheft 17/2006, S. 451-487.
Zitiert: *Pellens/Sellhorn*, in: Lutter, Kapital in Europa.

Perridon, Louis; Steiner, Manfred — Finanzwirtschaft der Unternehmung, 13. Aufl., München 2004.
Zitiert: *Perridon/Steiner*, Finanzwirtschaft.

Posner, Richard — Economic Analysis of Law, 6. Aufl., New York 2003.
Zitiert: *Posner*, Economic Analysis.

Ders. — A Theory of Negligence, 1 Journal of Legal Studies (1972) 29-96.

Preißer, Michael — Die Steuerberaterprüfung, Band 2, Unternehmenssteuerrecht und Steuerbilanzen, 6. Aufl., Stuttgart 2007.
Zitiert: *Autor*, in: Preißer, Steuerberaterprüfung.

Priester, Hans-Joachim — „GmbH light“ – ein Holzweg!, ZIP 2005, 921-922.

Raiser, Thomas — Die Haftungsbeschränkung ist kein Wesensmerkmal der juristischen Person, in: Schneider, Uwe u.a. (Hrsg.), Festschrift für Marcus Lutter zum 70. Geburtstag: deutsches und europäisches Gesellschafts-, Konzern- und Kapitalmarktrecht, Köln 2000, S. 637-650.
Zitiert: *Raiser*, in: FS Lutter.

Ders.; Veil, Rüdiger — Recht der Kapitalgesellschaften: ein Handbuch für Praxis und Wissenschaft; Aktiengesellschaft, Kommanditgesellschaft auf Aktien, Gesellschaft mit beschränkter Haftung, Kapitalgesellschaft & Co., Umwandlungsrecht, Konzernrecht, internationales Gesellschaftsrecht, 4. Aufl., München 2006.
Zitiert: *Raiser/Veil,* Kapitalgesellschaften.

Ralston, William — The 1980 Amendments to the Financial Provisions of the Model Business Corporation Act: A Positive Alternative to the New York Statutory Approach, 47 Alb. L. Rev. (1983) 1019-1049.

Rammert, Stefan — Lohnt die Erhaltung der Kapitalerhaltung?, BFuP 2004, 578-595.

Richard, Marc — Kapitalschutz der Aktiengesellschaft: eine rechtsvergleichende und ökonomische Analyse deutscher und US-amerikanischer Kapitalschutzsysteme, Bochum 2006.
Zitiert: *Richard*, Kapitalschutz.

Rickford, Jonathan — Reforming Capital – Report of the Interdisciplinary Group on Capital Maintenance, EBLR 2004, 919-1027.

Ders. — Legal Approaches to Restricting Distributions to Shareholders: Balance Sheet Tests and Solvency Tests, EBOR 2006, 135-179.

Ringleb, Henrik-Michael; Kremer, Thomas; Lutter, Marcus; v. Werder, Axel (Hrsg.) — Kommentar zum Deutschen Corporate Governance Kodex, 3. Aufl., München 2008.
Zitiert: *Autor*, in: Ringleb u.a., DCGK.

Röhricht, Volker — Insolvenzrechtliche Aspekte im Gesellschaftsrecht, ZIP 2005, 505-516.

Römermann, Volker (Hrsg.) — Münchener AnwaltsHandbuch GmbH-Recht, München 2002.
Zitiert: *Autor*, in: Römermann, MAH GmbH.

Ross, Stephen; Westerfield, Randolph; Jordan, Bradford — Corporate Finance – Fundamentals, 8. Aufl., New York 2008.
Zitiert: *Ross/Westerfield/Jordan*, Corporate Finance.

Roth, Günter — Zur „economic analysis" der beschränkten Haftung, ZGR 1986, S. 371-382.

Ders. — Gläubigerschutz bei der GmbH: Was ist unverzichtbar?, in: Kalss, Susanne u.a. (Hrsg.), Festschrift für Peter Doralt zum 65. Geburtstag, Wien 2004, S. 479-493.
Zitiert: *Roth*, in: FS Doralt.

Rowedder, Heinz; Schmidt-Leithoff, Christian (Hrsg.) — Kommentar zum GmbH-Gesetz, 4. Aufl., München 2002.
Zitiert: *Autor*, in: Rowedder/Schmidt-Leithoff, GmbHG.

Ruffner, Markus — Die ökonomischen Grundlagen eines Rechts der Publikumsgesellschaft: ein Beitrag zur Theorie der Corporate Governance, Zürich 2000.
Zitiert: *Ruffner*, Publikumsgesellschaft.

Schäfer, Hans-Bernd; Ott, Claus — Lehrbuch der ökonomischen Analyse des Zivilrechts, 4. Aufl., Berlin 2005.
Zitiert: *Schäfer/Ott*, Ökonomische Analyse.

Schildbach, Thomas — IFRS – Irre Führendes Rechnungslegungssystem, IRZ 2007, 91-97.

Schmidt, Karsten — Gesellschaftsrecht, 4. Aufl., Bonn 2002.
Zitiert: *K.Schmidt*, GesR.

Ders. — Die Eigenkapitalausstattung der Unternehmen als rechtspolitisches Problem, JZ 1984, 771-786.

Ders. — GmbH-Reform, Solvenzgewährleistung und Insolvenzpraxis, GmbHR 2007, 1-11.

Ders. — Reform der Kapitalsicherung und Haftung in der Krise nach dem Regierungsentwurf des MoMiG, GmbHR 2007, 1072-1080.

Ders. (Hrsg.) — Münchener Kommentar zum Handelsgesetzbuch, Band 4, §§ 238-342e, 2. Aufl., München 2008.
Zitiert: MüKoHGB-*Autor*.

Ders.; Uhlenbruck, Wilhelm (Hrsg.) — Die GmbH in Krise, Sanierung und Insolvenz: Gesellschaftsrecht, Insolvenzrecht, Steuerrecht, Arbeitsrecht, Bankrecht, und Organisation bei Krisenbewältigung und Abwicklung, 3. Aufl., Köln 2003.
Zitiert: *Autor*, in: K.Schmidt/Uhlenbruck.

Schmolke, Klaus — Das Lamfalussy-Prozess im Europäischen Kapitalmarktrecht – eine Zwischenbilanz, NZG 2005, 912-919.

Schneider, Dieter — Betriebswirtschaftslehre. Band 2: Rechnungswesen, 2. Aufl., München 1997.
Zitiert: *Schneider*, Rechnungswesen.

Scholz, Franz (Hrsg.) Kommentar zum GmbH-Gesetz, Band 1: §§ 1-34; 10. Aufl., Köln 2006.
Zitiert: *Autor*, in: Scholz, GmbHG.

Schön, Wolfgang Wer schützt den Kapitalschutz?, ZHR 2002, 1-5.

Ders. Die Zukunft der Kapitalaufbringung/-erhaltung, Der Konzern 2007, 162-170.

Ders. EU-Auslandsgesellschaften im deutschen Handelsbilanzrecht, in: Lorenz, Stephan u.a. (Hrsg.), Festschrift für Andreas Heldrich zum 70. Geburtstag, München 2005, S. 391-403.
Zitiert: *Schön*, in: FS Heldrich.

Ders. Balance Sheet Tests or Solvency Tests – or Both?, EBOR 2006, 181-198.

Schröder, Nicole Perspektiven der Europäisierung des GmbH-Rechts und der Europäischen Privatgesellschaft vor dem Hintergrund des Europäischen Aktiengesellschaft, Saarbrücken 2006.
Zitiert: *Schröder*, Perspektiven.

Schulze-Osterloh, Joachim Internationalisierung der Rechnungslegung und ihre Auswirkungen auf die Grundprinzipien des deutschen Rechts, Der Konzern 2004, 173-177.

Schuster, Peter Gesetzliches Garantiekapital als Problem europäischer und deutscher Rechtspolitik, AG 1998, 379-381.

Schwantag, Karl Eigenkapital als Risikoträger, ZfhF 1963, 218-237.

Seitz, Jochen Die Integration der europäischen Wertpapiermärkte und die Finanzmarktgesetzgebung in Deutschland, BKR 2002, 340-347.

Selchert, Friedrich; Erhardt, Martin Internationale Rechnungslegung: der Jahresabschluss nach HGB, IAS und US GAAP, 3. Aufl., München 2003.
Zitiert: *Selchert/Erhardt*, Rechnungslegung.

Sethe, Rolf Anlegerschutz im Recht der Vermögensverwaltung, Köln 2005.
Zitiert: *Sethe*, Anlegerschutz.

Spindler, Gerald Der Gläubigerschutz zwischen Gesellschafts- und Insolvenzrecht, JZ 2006, 839-850.

Ders. Trading in the Vicinity of Insolvency, EBOR 2006, 339-352.

Spremann, Klaus — Investition und Finanzierung, 3. Aufl., München 1990.
Zitiert: *Spremann*, Investition.

Steinberger, Christian — Die Europäische Privatgesellschaft - Schaffung einer europaweiten Gesellschaftsform für kleine und mittlere Unternehmen im Binnenmarkt, BB-Special 7/2006, S. 27-32.

Streinz, Rudolf — Europarecht, 7. Aufl. Heidelberg 2005.
Zitiert: *Streinz*, Europarecht.

Teichmann, Christoph — Reform des Gläubigerschutzes im Kapitalgesellschaftsrecht, NJW 2006, 2444-2451.

Ders. — Binnenmarktkonformes Gesellschaftsrecht, Berlin 2006.
Zitiert: *Teichmann*, Binnenmarktkonformes GesR.

Ders. — Text of the draft EC Regulation for a European Private Company (SPE), European Company Law 2006, 279-284.

Thiel, Jochen; Lüdtke-Handjery, Alexander — Bilanzrecht: Handelsbilanz, Steuerbilanz, 5. Aufl., Heidelberg 2005.
Zitiert: *Thiel/Lüdtke-Handjery*, Bilanzrecht.

Triebel, Volker; Otte, Sabine — 20 Vorschläge für eine GmbH-Reform: Welche Lektion kann der deutsche Gesetzgeber vom englischen lernen?, ZIP 2006, 311-316.

Uhlenbruck, Wilhelm (Hrsg.) — Kommentar zur Insolvenzordnung, 12. Aufl., Köln 2003.
Zitiert: *Autor*, in: Uhlenbruck, InsO.

Ulmer, Peter; Habersack, Mathias; Winter, Martin (Hrsg.) — Großkommentar zum GmbH-Gesetz, Band 2: §§ 29-52, Tübingen 2006.
Zitiert: *Autor*, in: Ulmer u.a., GmbHG.

Van Hulle, Karel; Gesell, Harald (Hrsg.) — European Corporate Law, Baden-Baden 2006.
Zitiert: *Autor*, in: Van Hulle/Gesell, ECL.

Veil, Rüdiger — Krisenbewältigung durch Gesellschaftsrecht, ZGR 2006, 374-397.

Ders. — Kapitalerhaltung – Das System der Kapitalrichtlinie versus situative Ausschüttungssperren, in: Lutter, Marcus (Hrsg.), Das Kapital der Aktiengesellschaft in Europa, ZGR Sonderheft 17/2006, S. 91-113.
Zitiert: *Veil*, in: Lutter, Kapital in Europa.

Ders. Existenzvernichtungshaftung, in: Gesellschaftsrecht in der Diskussion 2005, Jahrestagung der Gesellschaftsrechtlichen Vereinigung, Köln 2006, S. 103-121.
Zitiert: *Veil*, VGR 2006.

Viscusi, Kip How do Judges Think About Risk?, 1 American Law and Economics Review (1999) 26-62.

Vonnemann, Wolfgang Haftung von GmbH-Gesellschaftern wegen materieller Unterkapitalisierung, Baden-Baden 1991.
Zitiert: *Vonnemann*, Haftung.

Vossius, Oliver Die Europäische Privatgesellschaft – Societas Europaea Privata, EWS 2007, 438-444.

Wagenhofer, Alfred Internationale Rechnungslegungsstandards : IAS/IFRS; Grundkonzepte, Bilanzierung, Bewertung, Angaben, Umstellung und Analyse, 4. Aufl., Frankfurt a.M. 2003.
Zitiert: *Wagenhofer*, IFRS.

Walter, Bernhard Gesetzliches Garantiekapital und Kreditentscheidung der Banken, AG 1998, 370-372.

Watrin, Christof Sieben Thesen zur künftigen Regulierung der Rechnungslegung – Anmerkungen zu den Vorschlägen des Arbeitskreises Externe Rechnungslegung der Schmalenbach-Gesellschaft, DB 2001, 933-938.

Weller, Marc-Philippe Solvenztest und Existenzvernichtungshaftung – Zwei grundverschiedene Gläubigerschutzfiguren, DStR 2007, 116-122.

Wicke, Hartmut Die Euro-GmbH im Wettbewerb der Rechtsordnungen, GmbHR 2006, 356-362.

Wiedemann, Herbert Gesellschaftsrecht: ein Lehrbuch des Unternehmens und Verbandsrechts, Band 1, München 1980.
Zitiert: *Wiedemann*, GesR, Bd. 1.

Wilhelm, Jan Die Vermögensbindung bei der Aktiengesellschaft und der GmbH und das Problem der Unterkapitalisierung, in: Jakobs, Horst u.a. (Hrsg.), Festschrift für Werner Flume zum 70. Geburtstag, 12. September 1978, Band 2, S. 337-397.
Zitiert: *Wilhelm*, in: FS Flume II.

Wilhelmi, Rüdiger — Der Grundsatz der Kapitalerhaltung im System des GmbH-Rechts: Eine Untersuchung anhand des Auszahlungsverbots des § 30 I GmbhG, Tübingen 2000.
Zitiert: *Wilhelmi*: Kapitalerhaltung.

Wüstemann, Jens — Generally Accepted Accounting Principles: Zur Bedeutung und Systembildung der Rechnungslegungsregeln der USA, Berlin 1999.
Zitiert: *Wüstemann*, GAAP.

Ders.; Bischof, Jannis; Kierzek, Sonja — Internationale Gläubigerschutzkonzeptionen, BB-Beilage 5/2007, 13-19.